煤炭矿区
循环经济发展模式及
评价方法

张 瑞 丁日佳／著

MEITAN KUANGQU
XUNHUAN JINGJI FAZHAN MOSHI JI
PINGJIA FANGFA

吉林出版集团股份有限公司

图书在版编目（CIP）数据

煤炭矿区循环经济发展模式及评价方法 / 张瑞，丁
日佳著. -- 长春：吉林出版集团股份有限公司，
2015.12（2024.1重印）

ISBN 978 - 7 - 5534 - 9814 - 0

Ⅰ. ①煤… Ⅱ. ①张… ②丁… Ⅲ. ①煤矿－矿区－
自然资源－资源利用－经济发展模式－研究－中国②煤矿
－矿区－自然资源－资源利用－评价法－研究－中国

Ⅳ. ①F426.21

中国版本图书馆 CIP 数据核字(2016)第 006791 号

煤炭矿区循环经济发展模式及评价方法

MEITAN KUANGQU XUNHUAN JINGJI FAZHAN MOSHI JI PINGJIA FANGFA

著　　者：张　瑞　丁日佳
责任编辑：杨晓天　张兆金
封面设计：韩枫工作室
出　　版：吉林出版集团股份有限公司
发　　行：吉林出版集团社科图书有限公司
电　　话：0431 - 86012746
印　　刷：三河市佳星印装有限公司
开　　本：710mm×1000mm　　1/16
字　　数：204 千字
印　　张：11.5
版　　次：2016 年 4 月第 1 版
印　　次：2024 年 1 月第 2 次印刷
书　　号：ISBN 978 - 7 - 5534 - 9814 - 0
定　　价：49.00 元

如发现印装质量问题，影响阅读，请与印刷厂联系调换。

前　言

　　煤炭是我国的主要能源，为国民经济的增长做出了巨大贡献。长期以来，煤炭在我国一次能源生产和消费构成中均占 2/3 以上。虽然随着经济发展，煤炭消费占一次能源消费的比重呈缓慢下降趋势，但我国能源的储量、生产和消费结构决定了在未来相当长的时期内，以煤炭为主的能源供应格局不会改变。煤炭行业属于采掘行业，煤炭矿区生产具有其特殊性。在煤炭矿区内，煤炭资源的开采、加工、运输和利用等各个环节，都将对生态环境造成破坏和污染。

　　长期以来，煤炭矿区大量开采和利用煤炭资源导致了环境容量逐渐减小，环境污染日益加剧。虽然近年来，我国重视并加强了环保工作，但从总体上看，矿区环境综合治理进展缓慢，生态环境恶化并没有得到遏制。面对日趋增强的环境压力和资源约束，以传统的"高开采、低利用和高排放"为理念，由"资源—产品—废物排放"所构成的物质单向流动的矿区线性发展模式已不能适应社会经济发展的需要，煤炭矿区经济转型刻不容缓，需要倡导一种与环境和谐发展的循环经济发展模式。循环经济模式是一个具有多重物质、多次利用和再生循环的网、链结构，是一种"资源—产品—再生资源"的闭环反馈流程和具有自适应、自调节功能的，与生态环境系统的结构和功能相结合的经济系统。

　　煤炭矿区发展循环经济要求在物质不断循环的基础上发展经济，降低煤炭资源的开采量、提高利用率、减少废弃物的排放，达到"低开采、高利用和低排放"，使煤炭生产和消费过程中基本上不产生或只产生很少的废物，从而使经济增长对环境的影响降到最低程度，实现煤炭资源开发的清洁化和生态化。煤炭矿区发展循环经济要遵循减量化、再利用、资源化的原则，要促进矿区经济效益、社会效益和环境效益的同步增长，实现矿区经济与环境的协调发展。减量化原则要求在煤炭生产过程中提高资源的回收率和减少各种污染物，在煤炭消费过程中减少运输的浪费、提高利用效率和减少污染物的排放；再利用原则要求煤炭矿区尽可能地对煤炭资源进行深加工，延长煤炭资源产业链条，推进煤炭洁净利用、高效地使用煤炭资源；资源化原则要求对废弃物进行资源化再利用，使废弃物重新变成可以利用的资源。

煤炭矿区发展循环经济是贯彻落实科学发展观的重要措施，是煤炭矿区保护环境，合理开发和综合利用资源，转变经济增长方式的有效手段，是实现煤炭企业与矿区社会和谐发展的重要保证。基于此，本书深入研究了煤炭矿区循环经济发展模式与评价方法，具体内容为：介绍了煤炭在国民经济中的地位，分析了矿区煤炭生产消费对环境的影响及其煤炭矿区发展循环经济的必要性；在总结循环经济理论的基础上，提出了煤炭矿区发展循环经济的原则、思路和模式；阐述了六盘水矿区循环经济发展规划，分析了大同矿区塔山循环经济园区发展模式；提出了煤炭企业循环经济技术创新目标，构建了煤炭矿区发展循环经济支撑技术体系，介绍了煤矿井下清洁开采技术、煤炭开采伴生物治理及资源化技术、煤矿地表生态治理技术、煤炭清洁转化技术与煤炭清洁燃烧技术；构建了煤炭矿区循环经济评价指标体系，建立了基于熵的煤炭矿区循环经济评价方法模型与基于 VIKOR 法的煤炭矿区循环经济评价模型，给出了煤炭矿区循环经济综合评价方法。

本书是根据作者近年来多项科研成果，以及在煤炭矿区循环经济实践的基础上撰写而成的，对参与科研课题以及为我们提供了大量实证资料的同行和朋友表示感谢。在本书撰写过程中，得到了黑龙江科技大学郝传波教授，山西工程技术学院郝家龙教授，中国矿业大学（北京）郝素利副教授、信春华副教授的大力帮助与支持，在此表示真诚的感谢。此外，一些学术界和实业界的同行及朋友，特别是六盘水市、同煤集团领导为我们提供了大量的实证资料，使我们的工作建立在坚实的实证研究基础上，在此，向他们表示衷心的感谢。在本书撰写过程中，参阅了大量的文献资料，向所有的作者表示衷心感谢，对他们辛勤劳动和创造表示由衷的钦佩。

尽管在研究和写作过程中尽心尽力，力求论述清楚、分析透彻，以期对我国煤炭矿区发展循环经济有所裨益，但由于个人能力和水平有限，疏漏和错误之处在所难免，恳请广大的同行和各界读者批评指正，不胜感激。

作　者

2014 年 6 月

目 录

第1章 绪 论

1.1 煤炭在国民经济中的地位

1.1.1 煤炭对我国经济增长的贡献

我国是一个发展中国家，当前正处于国民经济快速增长的时期，工业化和城市化进程加快。能源消耗与经济增长的正相关性是普遍存在的一个规律，我国国民经济的平稳快速发展和人民生活水平的提高必然带动能源消费的较快增长。煤炭是我国的主体能源，国民经济发展与煤炭消费存在着密切的关系。

自20世纪90年代以来，我国国民经济增长保持了较高的速度，GDP从1991年的21781.5亿元增加至2012年的518942.1亿元，扣除价格因素，年均增长率达10.2%。国内煤炭消费量也从1991年的7.9亿吨增加至2012年的24.1亿吨，增加了3倍多，经济增长与煤炭消费呈现出明显的正相关性。详见表1-1。

表 1-1 中国经济增长与煤炭消费状况

年 份	GDP（亿元）	GDP 增长率（%）	煤炭消费量（万吨标煤）	煤炭消费增长率（%）
1991	21781.5	9.18	78979	5.0
1992	26923.5	14.24	82642	4.6
1993	35333.9	13.96	86647	4.8
1994	48197.9	13.08	92053	6.2
1995	60793.7	10.92	97857	6.3

年　份	GDP（亿元）	GDP 增长率（%）	煤炭消费量（万吨标煤）	煤炭消费增长率（%）
1996	71176.6	10.01	99366	1.5
1997	78973.0	9.30	97039	−2.3
1998	84402.3	7.83	96554	−0.5
1999	89677.1	7.62	99242	2.8
2000	99214.6	8.43	100707	1.5
2001	109655.2	8.30	102727	2.0
2002	120332.7	9.08	108413	5.5
2003	135822.8	10.03	128287	18.3
2004	159878.3	10.09	148352	15.6
2005	184937.4	11.31	167086	12.6
2006	216314.4	12.68	183919	10.1
2007	265810.3	14.16	199441	8.4
2008	314045.4	9.63	204888	2.7
2009	340902.8	9.21	215879	5.4
2010	401512.8	10.45	220959	2.4
2011	473104.0	9.30	238033	7.7
2012	518942.1	7.65	240914	1.2

　　我国煤炭消费量在不同时期，受供给方和需求方的不同影响。改革开放初期到 20 世纪 80 年代，我国绝大多数商品处于短缺状态，煤炭更是供不应求，导致了这一时期的煤炭消费量由煤炭供给所决定，煤炭供应在一定程度上成为国民经济发展的"瓶颈"。而 20 世纪 90 年代以来，煤炭供求关系从初期的供求基本平衡发展到中期的供大于求，进一步发展到 1997 年以后的严重供过于求，到 2001 年才开始向供求平衡转变。这一时期煤炭市场由卖方市场向买方市场转化，煤炭消费主要由国民经济发展的需求所决定。"十五"中后期，国民经济持续快速发展，拉动煤炭需求的大幅增加，曾一度出现煤炭供应全面紧张的局面。随着国家宏观调控效应的不断显现，以及煤炭生产能力的快速增长，煤炭供需总量相对平衡，煤炭供应趋向缓和。

　　经济波动是影响煤炭消费变动的重要因素。改革开放后到 1990 年间，煤炭消费与经济波动呈现出高度一致性，煤炭消费增长率与经济周期的走势相同，经济高速增长阶段，煤炭消费增长率也高；经济回落阶段，煤炭消费增长率也出现下降。自 1991 年以来，受亚洲金融危机、国内经济结构调整等因素的影响，煤炭消费增长率呈现出大起大落的变动特点。从 1998 年开始，煤炭消费增长率保持增长趋势，2003 年达到最大为 18.3%，之后几年有所下降，但均稳定增长。

总的来看，我国煤炭消费与经济增长之间存在着长期稳定的均衡关系，长期经济增长 1%，引起煤炭消费增长 0.7%，而且煤炭消费与经济增长之间存在着双向因果关系，大量的煤炭消耗促进了中国经济增长，同时经济的高速增长也引发了大量的煤炭需求。目前，我国正处于工业化发展阶段，实现工业化必然要发展耗能高的基础产业和制造业。煤炭是我国的主体能源，是支撑我国经济社会持续发展的最可靠能源。进入 21 世纪来，为了保障我国国民经济健康快速的发展，煤炭的需求量将持续稳步增长。

1.1.2 煤炭在我国一次能源中的地位

1. 煤炭在一次能源生产和消费构成中占主导地位

我国是世界上最大的煤炭生产和消费国，目前约占世界煤炭生产与消费总量的 50% 左右，也是世界上少数几个以煤为主要能源的国家之一。从我国一次能源生产和消费构成变化的历史来看，伴随着石油、天然气和水电资源开发强度的加大以及受能源国际贸易的影响，煤炭占一次能源生产和消费的比重总体上呈下降趋势，20 世纪 50 年代占 90% 以上，60 年代占 80% 以上，70 年代以后有所下降，但仍占 70% 左右。2012 年煤炭占一次能源生产和消费的比重分别为 76.5% 和 66.6%，见表 1-2 和表 1-3。

表 1-2 我国一次能源生产总量及构成表

年 份	生产总量 （万吨标煤）	占能源生产总量比重（%）			
		原 煤	原 油	天然气	水电（包括核电）
1978	62770	70.3	23.7	2.9	3.1
1980	63735	69.4	23.8	3.0	3.8
1985	85546	72.8	20.9	2.0	4.3

续　表

年　份	生产总量（万吨标煤）	占能源生产总量比重（%）			
		原　煤	原　油	天然气	水电（包括核电）
1990	103922	74.2	19.0	2.0	4.8
1991	104844	74.1	19.2	2.0	4.7
1992	107256	74.3	18.9	2.0	4.8
1993	111059	74.0	18.7	2.0	5.3
1994	118729	74.6	17.6	1.9	5.9
1995	129034	75.3	16.6	1.9	6.2
1996	133032	75.0	16.9	2.0	6.1
1997	133460	74.3	17.2	2.1	6.5
1998	129834	73.3	17.7	2.2	6.8
1999	131935	73.9	17.3	2.5	6.3
2000	135048	73.2	17.2	2.7	6.9
2001	143875	73.0	16.3	2.8	7.9
2002	150656	73.5	15.8	2.9	7.8
2003	171906	76.2	14.1	2.7	7.0
2004	196648	77.1	12.8	2.8	7.3
2005	216219	77.6	12.0	3.0	7.4
2006	232167	77.8	11.3	3.4	7.5
2007	247279	77.7	10.8	3.7	7.8
2008	260552	76.8	10.5	4.1	8.6
2009	274619	77.3	9.9	4.1	8.7
2010	296916	76.6	9.8	4.2	9.4
2011	317987	77.8	9.1	4.3	8.8
2012	331848	76.5	8.9	4.3	10.3

表 1-3　我国一次能源消费总量及构成表

年　份	消费总量（万吨标煤）	占能源消费总量比重（%）			
		原　煤	原　油	天然气	水电（包括核电）
1978	57144	70.7	22.7	3.2	3.4
1980	60275	72.2	20.7	3.1	4.0
1985	76682	75.8	17.1	2.2	4.9
1990	98703	76.2	16.6	2.1	5.1
1991	103783	76.1	17.1	2.0	4.8
1992	109170	75.7	17.5	1.9	4.9
1993	115993	74.7	18.2	1.9	5.2
1994	122737	75.0	17.4	1.9	5.7
1995	131176	74.6	17.5	1.8	6.1
1996	135192	73.5	18.7	1.8	6.0
1997	135909	71.4	20.4	1.8	6.4
1998	136184	70.9	20.8	1.8	6.5
1999	140569	70.6	21.5	2.0	5.9
2000	145531	69.2	22.2	2.2	6.4
2001	150406	68.3	21.8	2.4	7.5
2002	159431	68.0	22.3	2.4	7.3
2003	183792	69.8	21.2	2.5	6.5
2004	213456	69.5	21.3	2.5	6.7
2005	235997	70.8	19.8	2.6	6.8
2006	258676	71.1	19.3	2.9	6.7
2007	280508	71.1	18.8	3.3	6.8
2008	291448	70.3	18.3	3.7	7.7
2009	306647	70.4	17.9	3.9	7.8
2010	324939	68.0	19.0	4.4	8.6
2011	348002	68.4	18.6	5.0	8.0
2012	361732	66.6	18.8	5.2	9.4

2. 我国一次能源资源结构决定煤炭是我国的能源基石

我国一次能源资源主要包括煤炭、石油、天然气、水能和核能等。从资源储量构成来看，我国是一个富煤贫油少气的国家。煤炭资源丰富、品种齐全、分布广泛，而石油、天然气探明储量严重不足。据统计，截至 2010 年年底我国探明煤炭储量为 1145 亿吨，占全球探明煤炭储量的 13.3%，仅次于美国和俄罗斯，排世界第三位，但是由于我国的经济高速增长以及对煤炭的过度依赖，我国煤炭资源储采比则远低于世界平均水平。2010 年世界煤炭资源平均储采比为 119，而我国仅为 35。2010 年我国石油探明储量为 148 亿桶，占全球的 1.1%，储产比为 9.9。2010 年天然气探明储量 2.8 万亿 m^3，仅占全球的 1.5%，储产比为 28.5。因此，从能源安全的角度讲，煤炭是中国最安全和可靠的一次能源，未来相当长的一段时间内这种角色不会改变。

3. 煤炭在未来较长时期内仍是我国的主要能源

国家能源战略的选择主要取决于能源资源的经济性和供应的安全稳定性。一方面，在国际上，同等热值煤炭价格约为石油的四分之一，我国煤炭比价更低，仅为七分之一左右，凸现了煤炭资源的经济性；另一方面，我国有丰富的煤炭资源，煤炭除满足本国消费外，还有少部分出口，在当前石油消费对外依存度超过 56% 的情况下，保证了我国能源总体自给率达 94%，煤炭对我国能源的稳定供应起到了至关重要的作用。我国作为能源消费大国，能源供应必须坚持立足国内的方针，主要依靠开发国内能源资源来满足国民经济发展的需要。

21 世纪化石燃料仍是一次能源消费的主体，我国《能源中长期发展规划纲要》中明确指出："大力调整和优化能源结构，坚持以煤炭为主体、电力为中心、油气和新能源全面发展的战略"，确定了煤炭在一次能源中的主体地位，符合我国国情和能源资源结构。

1.2 煤炭矿区生产的特点

煤炭矿区生产具有以下特点：

（1）生产地点的移动性。以层状赋存于地下的煤，必须随着开采的进程而不断转移，为了形成采收空间，需要不断地进行掘进，这与一般工业企业的生产是不同的。

（2）煤矿开采与地质条件密切相关。一般煤田在形成过程中受地质作用使得煤层水平状变成倾斜状，煤层赋存于深浅不同的地下，并遭受切割破坏及由于古地理变化而造成的冲刷等。在煤田开发中，一般是由浅部向深部，由矿田中间向矿田边界，这样的过程伴随着资源开发条件的复杂化与劣化发展。

（3）生产成本随开采条件的劣化而增长。煤矿生产随着生产年限的增加，单位产品的生产成本也增加，生产条件的劣化速度往往超过技术和管理的进步速度，这在中国煤矿生产中比较普遍。

（4）矿业开发伴随着生态环境的不友好性。由于煤炭资源赋存于地下较深处，在进入矿体并进行采收前要有大量的岩石工程，如凿井和掘巷，需要将挖掘的废弃物堆积地面，这将造成景观的破坏，以至压占农田。此外，在生产过程中将造成土地塌陷、村庄搬迁、生态变异、大气粉尘和瓦斯污染、地面水体破坏与地下水文条件的恶化。

1.3 煤炭生产消费对矿区环境的影响

1. 对水资源的影响

煤矿开采对水资源的影响主要表现在两个方面：一方面，是对地表及地下水系的破坏；另一方面，是对地表及地下水的污染。煤矿开采必然涉及对地下水的疏干和排泄。由于地下水的不断疏干和排泄，必然导致地下水位大面积、大幅度的下降；矿区主要供水水源枯竭，地表植被干枯，自然景观破坏，农业产量下降，严重时可引起地表土壤沙化。煤矿大量排放矿井废水会不同程度地污染地表及地下水系。矸石和露天堆煤场遇到雨天，污水流入地表水系或渗入地下潜水层；选煤厂的废水不经处理大量排放，对地表、地下水源造成污染等，使矿区周围的河流、沼泽地或积水池等变为黑色死水。

我国淡水资源人均占有量仅为世界人均水平的 1/4，特别是煤炭资源储量丰富的华北、西北地区，水资源尤为缺乏。主要产煤大省山西因采煤造成 18 个县 28 万人饮水困难，30 亿 m² 水田变成旱地。地表水系的污染往往是显而易见的，相对容易治理。而地下水的污染具有隐蔽性且难以恢复，影响较为深远。由于地下水的流动较为缓慢，仅靠含水层本身的自然净化，则需长达几十年甚至上百年的时间，且污染区域难以确定，容易造成意外污染。

2. 对土地资源的影响

(1) 煤矸石压占土地，污染环境

煤矸石是一种伴随煤矿开采和洗煤过程中产生的矿质废弃物，其产量直接和煤矿资源赋存、开采工艺有关，国内煤矸石产量大约是原煤产量的10%左右。据有关部门统计，国内矸石堆放总量大约在3G吨左右，在大中型煤矿中就有不少于1500座矸石山。矸石自燃容易产生大量 CO_2、SO_2、烟尘等有毒气体和污染物，同时煤矸石大量堆放于地表，占用大量公用土地、破坏矿区生态平衡和自然景观。煤矸石含有大量复杂的化学成分，且有着广泛的分布范围，其主要危害表现在：污染环境，煤矸石产生的大量氮氯化合物和有害气体、烟尘等很容易造成空气污染，形成的酸雨造成土地和水资源严重污染，植物生长受到严重抑制，人类健康面临严重威胁；压占土地，中国煤矸石的排放量每年仍在以0.2G吨的速度不断增长，占用土地面积每年都在以660hm² 的速度扩大，这急剧加重了中国土地资源短缺的问题；另外，煤矸石的不稳定性使其容易危害公共安全。

(2) 造成矿区土地塌陷

中国因煤矿开采造成矿区土地塌陷面积已经高达700km²～1000km²。华北华东平原地区每年会有4000hm²耕地发生塌陷。土地塌陷会对土地的自然状态造成严重影响，会破坏铁路、村庄、管道、线路等地标建筑物，会破坏土地各种营养成分，会导致土地盐渍化、农田表面凹凸不平、灌溉设施无法继续使用等问题，严重时会在塌陷低洼处形成积水池或沼泽地，大面积积水导致农田无法耕种，裂缝问题还会造成严重的山体滑坡隐患。

3. 对大气环境的影响

煤矿在开采过程中会对大气造成极为严重的污染。煤矿开采过程中对大气污染主要有两个方面：一是在煤矿开采过程中，会有大量瓦斯气体冒出来。据资料显示，每年在煤矿开采过程中瓦斯的排放量高达5～7Gm³。瓦斯是一种极为危险的气体，不仅对煤矿开采的正常生产以及安全运作埋下了严

重的安全隐患，还会严重破坏臭氧层，造成大气污染。二是在煤矿开采过程中会产生大量的粉尘，在低空形成雾霾现象，对人的身体产生不利的影响。

另外，煤炭燃烧产生大量的 SO_2，由此产生的酸雨已占国土面积的 $1/3$；产生的 CO_2 量将随煤炭燃烧量增长。如果我国煤炭消费量持续增长，2020 年因燃煤排放的 SO_2 总量将达到 3960 万吨（考虑每年减排），CO_2 排放量将达到 106850 万吨碳，环境容量将难以承受。根据中国工程院的研究报告显示，我国 SO_2、CO_2 排放量的 85%，烟尘的 70% 均来自于燃煤。

4. 噪音污染

噪音污染是环境污染的重要因素之一。在煤矿开采区，大量的开采设备与运输设备会产生巨大的声响，工人长期处在这种高分贝环境下，会造成听力下降、幻听以及职业性耳聋等问题，严重的，还会引发神经系统衰弱、消化系统紊乱以及心血管系统状况频发等问题。不健康的身体状况会促使工人劳动力下降，工作状态差，感觉迟钝并不易察觉事故前兆与信号，从而发生安全事故。另外，矿区的噪音污染还严重影响矿区居民正常的学习与工作。

5. 煤炭运输对环境的污染

我国煤炭生产与消费的地理分布极不均衡，煤炭生产基地主要在北部和西部地区，而煤炭消费主要在东部沿海地区，这就决定了北煤南运、西煤东运的基本格局。煤炭储运形成的环境问题主要来自于煤炭的储、装、运过程中产生的煤尘飞扬对矿区及运输线路两侧生态环境的污染，所有这些都导致矿区道路和煤炭货区煤尘弥漫、环境污染。根据煤炭加工利用协会统计，每年，煤炭自燃排放有害气体（SO_2、CO_2、H_2S 等）为 20 万～30 万吨；贮煤产生煤尘为 1000 万吨。

1.4　煤炭矿区发展循环经济的必要性

煤炭矿区发展循环经济是煤炭矿区贯彻落实科学发展观的重要措施，是煤炭矿区保护环境，合理开发和综合利用资源，转变经济增长方式的有效手段，是实现煤炭企业与矿区社会和谐发展的重要保证。

（1）发展循环经济是矿区贯彻落实科学发展观的重要措施

树立科学发展观，核心是坚持以人为本，实现全面、协调、可持续的发展。煤炭产业虽然为国民经济做出巨大的贡献，但是对矿区的大气、水、土地等环境造成了严重污染，给矿区居民的身体健康带来了严重威胁，致使人口与环境、经济与资源的矛盾日益突出。发展循环经济，不仅可以降低能耗，减少污染，而且可以以最小的资源和环境成本，取得最大的经济和社会效益，真正体现了科学发展观"以人为本、实现可持续发展"的本质要求。

（2）发展循环经济是实现矿区环境保护的根本出路

长期以来，煤炭产业在开采资源的同时，不可避免地造成了严重的环境污染，随着国家环境保护法律法规和环境产业政策的不断完善，企业的环境保护将与经济发展处于同等重要的地位，甚至决定和制约着企业的经济发展。因此，必须运用循环经济的理论研究企业的环境保护，循环经济体现了控制工业污染物减量化、再利用、资源化的原则，把尽可能多的物质转化为原料与产品，实现污染低排放，甚至污染零排放的目的，把传统的环境保护从生产的末端向前推进到生产的源头和生产的全过程。

（3）发展循环经济是实现矿区煤炭资源合理开发和综合利用的根本出路

在传统经济的影响下，煤炭的开发利用常常是粗放和一次性的，由于开采不合理，煤炭资源平均回收率只有 45% 左右，导致资源回收率低，综合利用程度低，废弃物大量排放，形成了制约国民经济发展的资源瓶颈。而矿区发展循环经济，就可以沿着煤炭产业链生产多种相关产品，如洗选精煤炼焦、煤焦油生产煤化工产品、中煤、煤泥和煤矸石综合利用发电等，实现"资源—产品—再生资源"循环生产。

（4）发展循环经济是矿区转变煤炭产业经济增长方式的有效手段

矿区煤炭企业要实现可持续发展，就必须转变经济增长方式，实现由数量速度型增长向质量效益型增长的转变。一直以来，煤炭产业的发展基本上走的是一条粗放开发、简易加工、低效利用的传统型发展道路，虽然改革开放以后，经济增长方式有所转变，如产业结构逐步升级、科技贡献率不断提高等，但是仍然存在着"高投入、高消耗、高排放、不协调、难循环、低效率"的问题。而循环经济则改变了线性发展的模式，作为一种新的技术范式，一种新的生产力发展方式，为转变经济增长方式开辟了新的道路。矿区煤炭产业通过发展循环经济，不断拉长和拓宽产业链，推进煤炭的合理开发和综合利用，就可以实现低投入、高产出、低消耗、少排放、可持续，促进经济快速增长与结构、质量和效益的统一。

（5）发展循环经济是实现煤炭企业与矿区社会和谐发展的重要保证

党的十六届四中全会提出了全面构建社会主义和谐社会的目标，要求实现人与人之间、人与社会之间、人与自然之间的和谐。如果生态环境受到严重破坏，人们的生活水平提高与环境恶化相冲突，如果能源资源供应高度紧张，经济发展与能源资源需求相矛盾，人与人的和谐、人与社会的和谐就难以实现。当前在煤炭行业的发展过程中，一方面，煤炭需求旺盛，需要新增大量煤炭生产能力；另一方面，煤炭企业所在的矿区在经过长期的高强度开采和粗放开发后，产生了资源耗竭严重、产业结构单一、经济基础薄弱、生态环境恶化等问题，使人口与经济、环境与资源的矛盾日益突出。而发展循环经济，加强煤炭资源的综合利用，就可使企业发展对资源需求和生态环境的影响降低到最低程度。因此，煤炭企业应进一步提高认识，把发展循环经济纳入企业总体发展战略当中，通过延伸产业链条，实现资源投入最小化、废物利用最大化、污染排放量最小化的目标，推动企业经济与矿区社会的和谐发展。

1.5　传统煤炭资源开发与循环经济的矛盾

长期以来，大量开发和利用煤炭资源导致了矿区环境容量逐渐缩小，城市及乡村大气污染日益加剧。虽然 20 世纪 80 年代以来，我国重视并加强了环保工作，但从总体上看，矿区环境综合治理进展缓慢。煤矿地表塌陷面积日益扩大，煤矸石堆积占地增加，部分矸石山自燃污染大气，矿区瓦斯排放量大，粉尘浓度高，生态环境恶化的势头没有得到有效遏制。由于煤炭利用不合理，煤炭利用效率低，大气污染 80% 以上来源于煤炭燃烧。造成上述状况的一个重要原因是，煤炭企业没有摆脱传统经济思维方式。

传统煤炭资源开发以"高开采、低利用和高排放"为核心理念。是一种由"资源—产品—废物排放"所构成的物质单向流动的经济。人们以越来越高的强度把地球上的物质和能源开采出来，在生产加工和消费过程中又把污染和废物大量地排放到环境中去，对资源的利用常常是粗放的和一次性的。这种模式从长远看必然导致自然资源匮乏、能源短缺以及环境污染。

而循环经济却要求在物质不断循环的基础上发展经济，达到"低开采、高利用和低排放"，使整个经济系统以及生产和消费的过程中基本上不产生或只产生很少的废物，从而使经济发展和增长对环境的影响降到最低程度。循环经济对传统矿产资源开发的核心要求是降低原矿物的开采量、提高利用率、减少废弃原矿物的处置和堆存量，实现矿产资源开发的清洁生产和生态化。

第 2 章　循环经济理论

2.1　循环经济的理论渊源

2.1.1　循环经济思想的形成

1. 循环经济思想的萌芽阶段

循环经济思想的萌芽可以追溯到环境保护思潮兴起的时代。20 世纪 60 年代，美国经济学家波尔丁提出了"宇宙飞船经济理论"。其含义是：地球就像在太空中飞行的宇宙飞船。这艘船靠不断消耗自身有限的资源而生存。如人们像过去那样不合理地开发资源和破坏环境，超过了地球的承载能力，就会像宇宙飞船那样走向毁灭。波尔丁的理论在世界上引起巨大反响，使人们认识到必须建立能重复使用各种物资的"循环式经济"，以代替旧的"单程式经济"。波尔丁的宇宙飞船经济理论现在看来仍有相当的超前性。它意味着人类社会的经济活动应从以线性为特征的机械论规律转向服从以反馈为特征的生态学规律。

2. 循环经济思想的酝酿阶段

在国际社会开始有组织地开展环境整治运动的 20 世纪 70 年代，循环经济的思想更多的还是先行者的一种超前性理念，人们并没有积极地沿着这条线索发展下去。当时，世界各国关心的问题仍然是污染物产生之后如何治理以减少其危害，即所谓环境保护的末端治理方式。80 年代，人们注意到要采用资源化的方式处理废物，思想上和政策上都有所升华，但对于污染物的产生是否合理这个根本性问题，是否应该从生产和消费源头上防止污染产生，大多数国家仍然缺少思想上的洞见和政策上的举措。总体说来，70—80 年代环境保护运动主要关注的是经济活动造成的生态后果，而经济发展模式本身始终落在他们的研究视野之外。

3. 循环经济思想的发展阶段

20 世纪 90 年代，特别是可持续发展战略成为世界潮流的近几年，人类对全球问题的认识以及环境管理思想和观念在不断变化、深入和发展，从局部环境问题到全球问题，从末端治理到预防为主，从专注于生态和污染问题到资源管理，从可持续发展概念的提出到清洁生产的具体实践都有所体现。在对这些方面持续探索和总结的基础上，专家及学者们提出了一系列诸如"零排放工厂""产品生命周期""为环境而设计"等体现循环经济思想的理念，特别是针对经济活动的三个重要层次（企业内部层次、企业共生层次、社会层次）形成了循环经济的三种关键性思路，从而使循环经济在理论与实践方面有了实质性发展。

2.1.2 循环经济的理论基础

1. 增长的极限理论

20 世纪 70 年代初，以人口、资源、环境为主要内容，讨论人类前途为中心议题的"罗马俱乐部"成立，随后发表了其研究成果《增长的极限》。它的主要论点是：人类社会的增长由五种相互影响、相互制约的发展趋势构成。这五种趋势是：加速发展的工业化、人口剧增、粮食私有制、不可再生资源枯竭及生态环境日益恶化。它们都是以指数的形式增长。由于地球资源的有限性，这五种趋势的增长都是有限的。如超过这一极限，后果很可能是：人类社会突然、不可控制地瓦解。科学技术只能推迟"危机点"，因此，人口和经济的增长是有限度的。一旦达到它们的极限，增长就会被迫停止。《增长的极限》的结论是：人类社会经济的无限增长是不现实的，而等待自然极限来迫使增长停止又是社会难以接受的。

2. 环境容量论

所谓环境容量论是指自然环境对传统经济发展有一个承载容量，以维持自然生态系统的平衡和环境的自我修复与正常运行，超过此容量，就会破坏生态系统平衡，削弱环境自我修复能力，影响环境正常运行状态，因此要求经济发展要考虑环境容量问题。环境容量论从环境与发展的关系上，揭示了传统发展模式导致环境问题产生的原因，具有改变发展方向的政策意义，具体表现在两个方面：

（1）影响环境的基本因素

循环经济对环境与发展问题的讨论强调下列重要关系：$I = P \times A \times T$，式中，I（Impact）表示人类发展对资源环境的压力，P（Population）表示人口总量，A（Affluence）表示人均资源消耗程度或消费水平（可用人均 GDP 表示），T（Technology）表示提供消费品的各种技术对环境的破坏程度（用物质量表示）。它告诉我们，人类发展对资源和环境等自然资本的影响主要受到人口增长、消费增长和技术能力的制约，因此可以根据三个因子的情况和变化，具体地判断人类发展对环境的总体影响，这为可持续发展从概念转化为政策提供了基本的途径。

加拿大学者威克那格等在此基础上进一步提出了"生态足迹"概念。"生态足迹"被认为是具有一定消费水平的人口所占用的生态面积（用土地量表示）。其公式是：$F = P \times E$，其中，F（Footprint）表示特定地区的生态足迹总量，P 表示人口总量，E 表示人均生态足迹。由于人均生态足迹实际上表示人均消费物质所需要的生态生产面积，因此 $E = A \times Q$，其中 Q 表示单位物质消耗所占用的生态面积。环境影响公式可以同生态足迹公式作比较，但生态足迹的概念统一了环境影响公式的计量单位（用生态生产土地表示），它为作为政策工具的可持续发展理论提供了有比较性的操作手段。

（2）实现可持续发展的基本途径

按照环境影响公式或生态足迹公式，只要人口、消费、技术三个因子中的任何一个降下来，并且其他因子不上升抵消下降因子的影响，就可以把一个社会对环境的影响降下来。

3．生态控制论

控制论创始人之一英国生理学家艾什比认为，社会像生物系统一样具有自我调节、自我控制的能力。因此，可将生态系统理论运用于人类经济社会的调控。生态控制论的主要内容包括：

（1）整体有序原则

生态系由许多子系统组成，各子系统相互联系，在一定条件下，它们相互作用和协作，形成有序并具有一定功能的自组织结构。所谓的"序"是指系统有规则的状态。整体有序原则认为：系统演化的目标在于功能的完善，而不是组分的增长，一切组分的增长都必须服从整体功能的需要，任何对整体功能无益的结构性增长都是系统所不允许的。

（2）循环再生原则

生物圈中的物质是有限的。原料、产品和废物的多重利用及循环再生是生态系统长期生存并不断发展的基本对策。生态系统内部应形成环网结构，使其中的每一组分既是下一组分的"源"，又是上一组分的"汇"，使物质在其中循环往复、充分利用。这对于清洁生产工艺有重要启示作用，清洁生产不仅可提高资源的利用效率，还可避免生态环境的破坏。

（3）相生相克原则

这里的相生相克是指生态系统各要素相互促进和制约的作用关系。在生态系统中，一切生物都通过共生节约资源，以求持续稳定。相生相克原则提出了保证生态系统的稳定性和避免突发事件发生的机制。这就要求人们在利用资源时，注意生态系统的整体，而不是局部。

（4）反馈平衡原则

生态系统中，任何一种生物的发展过程都受到某种（或某些）限制因子或负反馈机制的制约作用，也得到某种（或某些）利导因子或正反馈机制的促进作用。过程稳定的生态系统中，这种正、负反馈机制是相互平衡的。反馈平衡原则要求在生态系统调控中，要特别注意限制因子和利导因子的动态，充分发挥利导因子的积极作用，设法克服和削弱限制因子的消极作用。

（5）自我调节原则

生态系统中的生物都有较强的自我调节和适应能力。它们能根据环境的变化，采取抓住最适机会尽快发展并求避免危险，获得最大的保护策略。自我调节能力的有无和强弱是生态系统与机械系统的主要区别之一。区域复合系统也是一种自组织系统，具有自我适应和自我维持的自调节机制。

4. 二种生产理论

二种生产理论是物质资料的生产、人类自身的生产和环境的生产相互适应的理论。物质资料的生产是指人类从环境中索取自然资源并接受人类自身再生产过程产生的各种消费再生物，通过人类的劳动将其转化为生活资料的总过程。在这个过程中生产出来的生活资料用于满足人类的物质需求，同时生产过程中的废弃物返回环境。人类自身的生产是指人类生存和繁衍的总过程。在这个过程中，人类消费物质生产提供的生活资料和环境生产提供的生活资源，产生人力资源以支持物质生产和环境生产，同时产生消费废弃物返回环境，产生消费再生物返回物质生产环节。环境的生产是指在自然力和人力的共同作用下，对环境自然结构和状态的维护和改善。在这个过程中要消耗物质生产过程产生的生产废弃物和人类自身生产产生的消费废弃物，同时产生新的生产资源和生活资源。二种生产的协调是实现可持续发展的一个重要前提。协调需要具体的操作，协调操作就需要有能正确指导操作的理论、准则、方法和技术。要使二种生产的运行关系从不和谐转变为和谐，关键在于协调二种生产之间的联系方式和内容，以确保整个系统的和谐运行。

5. 生态市场经济理论

生态市场经济是对自由市场经济的现实超越与理论超越。国际社会舆论认为生态市场经济不是一种局部的经济现象，不是狭义的指环保产业、生态农业，而是一种经济形态。是指一切经济活动必须具有生态环保性质，促进经济发展。生态市场经济是一种既利于生态环保，又提高经济效益的经济，是一种环境合理性与经济效率性本质上统一的经济。从发展趋势上讲，生态市场经济将成为 21 世纪的经济形态。

2.1.3 循环经济理论与经济发展模式

循环经济是人类与环境关系长期演变的产物。从历史上看，人类的经济发展模式经历了三个阶段的变化，并开始朝循环经济的模式转变。

1. 传统经济模式

分析人类社会发展史，可以初步得出这样一个结论：传统的农业经济与工业经济都是以人类自身的需求为中心，是以"高开采、低利用、高排放"为特征，是以"资源—生产—流通—消费—丢弃"和"资源—产品—污染物"为社会运行模式和物流模式（如图 2-1 所示），没有自觉考虑经济活动对环境的冲击，从大自然不断索取资源，并不加处理地向环境中排放废弃物，必然会不断加剧环境污染、生态破坏和资源短缺。由此造成出入经济系统的物质流远远大于系统内部相互交流的物质流，经济增长以大量消耗自然界的资源和能源以及大规模破坏人类生存环境为代价，不能实现可持续发展。

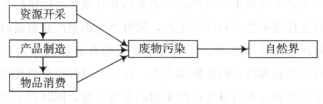

图 2-1   传统经济运行模式

2. 末端治理模式

从 20 世纪 60 年代以来，发达国家普遍采用末端治理的方法进行污染防治，投入了大量的人力和物力。这种模式虽然开始注意环境问题，但其具体做法是"先污染，后治理"，即在生产链终点或者是在废弃物排放到自然界之前，对其进行一系列的物理、化学或生物过程的处理，以最大限度地降低污染物对自然界的危害（如图 2-2 所示）。"末端治理"模式虽然在治理过程中出现小循环，但是整个物质流动过程依然是线性的，仍然会造成环境质量下降、资源供应枯竭，最终导致人类生存环境的恶化。

图 2-2   生产末端治理模式

3. 循环经济模式

循环经济把清洁生产和废弃物的综合利用融为一体，它既要求物质在经济体系内多次重复利用，进入系统的所有物质和能源在不断进行的循环过程中得到合理和持续的利用，达到生产和消费的"非物质化"，尽量减少对物质特别是自然资源的消耗；又要求经济体系排放到环境中的废物可以为环境同化，并且排放总量不超过环境的自净能力。循环经济实现"非物质化"的重要途径是提供功能化服务，而不仅仅是提供产品本身，做到物质商品"利用"的最大化，而不是"消费"的最大化，并在满足人类不断增长的物质需要的同时，大幅度地减少物质消耗。同时经济体系各产业部门协调运作，将一个部门的废弃物用作另一部门的原材料，从而实现"低开采、高利用、低排放"，进而形成

"最优生产、最优消费和最少废弃"的社会。总之，循环经济物流模式可以认为是"资源—生产—流通—消费—再生资源"的反馈式流程，运行模式为"资源—产品—再生资源"（如图 2-3 所示）。

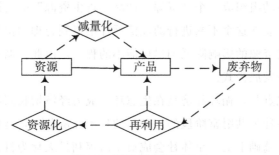

图 2-3　循环经济运行模式

2.2　循环经济的理论概述

2.2.1　循环经济的概念

20 世纪 90 年代以来在西方发达国家兴起了一种新的经济发展模式—循环经济。人们提出了一系列诸如"零排放工厂""产品生命周期""为环境而设计"等体现循环经济思想的理念。对循环经济范畴的界定，有多种不同的角度和方法围绕资源的节约、再生、综合、循环这几个关键词，有的从人与自然的关系去定义，有的从经济与社会、生态的关系上去概括，有的从新经济形态上去提炼，有的则从知识经济的角度去阐述，不一而足从技术范式的角度去把握和研究循环经济，比较有代表性的有如下几种观点。

循环经济（circular economy）一词，是由美国经济学家波尔丁在 20 世纪 60 年代提出的，是指在人、自然资源和科学技术的大系统内，在资源投入、企业生产、产品消费及其废弃的全过程中，把传统的依赖资源消耗的线性增长经济，转变为依靠生态型资源循环来发展的经济。

周宏春将循环经济定义为：通过废弃物和废旧物资的循环再生利用来发展经济，目标是使生产和消费过程中投入的自然资源最少，向环境中排放的废弃物最少，对环境的危害或破坏最小，即实现低投入高效率和低排放的经济发展。

李赶顺指出：所谓循环经济，本质上是一种生态经济，它要求运用生态学规律来指导人类社会的经济活动，与传统经济相比，循环经济的不同之处在于：传统经济是一种由"资源—产品—污染排放"所构成的物质单向流动的经济。循环经济倡导的是一种建立在物质不断循环利用基础上的经济发展模式，它要求把经济活动组织成一个"资源—产品—再生资源"的反馈式流程，所有的物质和能源要能在这个不断进行的经济循环中得到合理和持久的利用，以把经济活动对自然资源的影响降低到尽可能小的程度。由此，循环经济是一种与环境和谐的经济发展模式。

解振华的观点是，循环经济是在生态环境成为经济增长制约要素，良好的生态环境成为一种公共财富阶段的一种新的技术经济范式，是建立在人类生存条件和福利平等基础上的以全体社会成员生活福利最大化为目标的一种新的经济形态。循环经济的技术范式特征之一是由过去的开放型物质流动模式（资源消费、产品、废物排放）转向为闭环型物质流动模式（资源消费、产品、再生资源），其本质是对人类生产关系进行调整。

齐建国的看法与解振华的观点基本一致却又有差异。他认为，循环经济是一种技术范式的革命，是中国新兴工业化的最高形式，是通过制度创新建立一种新的经济形态。它的一个重要特点是它既是调节人与自然关系的经济发展模式，也是调节人与人关系的生产关系再调整。

冯之浚同样把循环经济看作是一种范式，但他的范式所指与前者存在着很大的不同。他认为，随着环境问题在全球范围内的日益突出，人类赖以生存的各种资源从稀缺走向枯竭，以资源稀缺为前提所构建的天人冲突范式（以末端治理为最高形态）将逐渐为天人循环范式（以循环经济为基础）所代替。循环经济的目的在于提高生态资源的利用效率。

朱红伟认为，循环经济不仅是一种经济运行范式，而且是对价值标准和经济效率定义的革命。政府、制度的存在使人类在经济活动中意识到生态的限制，而市场的力量在于如何在这种限制下更有效地利用资源，就像自然生态系统那样创造并构筑一个能够促进物质和能量高效循环、流动，并能保持与自然生态系统协同演进的经济系统。政府可以通过适当的制度安排，利用市场机制为废弃物资和再生利用建立市场交易平台，例如建立再生资源的交易市场和信息网络。

曲格平对循环经济有独到的看法。他认为，循环经济是人们模仿自然生态系统，按照自然生态系统物质循环和能量流动规律建构的经济系统，并使得经济系统和谐地纳入自然生态系统的物质循环过程。他从人、经济系统与生态系统的协调性出发，把循环经济作为一种环境保护的、节约资源的经济，是尽可能少用和循环利用资源的经济模式。循环经济本质上是一种生态经济，它要求运用生态学规律而不是机械论规律来指导人类社会的经济活动。与传统经济相比，循环经济的最大不同在于：它本质上是一种与环境和谐的经济发展模式，它要求把经济活动组织成一个"资源—产品—再生资源"的反馈式流程，其特征是低开采、高利用、低排放。所有的物质和能源要能在这个不断的经济循环中得到合理和持久的利用，以把经济活动对自然环境的影响降低到尽可能小的程度。循环经济为工业化以来的传统经济转向可持续发展的经济提供了战略性的理论范式，从而从根本上消解了长期以来环境与发展之间的尖锐冲突。

诸大建指出：循环经济是针对工业化运动以来高消耗、高排放的线性经济而言。在这种线性经济中，人们通过生产和消费把地球上的物质和能量大量地提取出来，然后又把污染和废物大量地丢弃到空气、水系、土壤、植被这类被当作地球"阴沟洞"或"垃圾箱"的地方，与此不同，循环经济是一种善待地球的经济发展模式，它要求把经济活动组织成为"自然资源—产品和用品—再生资源"的闭环式流程，所有的原料和能源要能在不断进行的经济循环中得到合理的利用，从而把经济活动对自然环境的影响控制在尽可能小的程度。

梁湖清认为，循环经济一词是对资源与物质闭循环流动型经济的简称，它以资源、物质与能量闭路循环使用为特征。循环经济指的是在经济发展中，遵循生态学规律，将清洁生产、资源综合利用、生态设计和可持续消费等融为一体，在经济活动的源头注意节约资源和减少污染；在生产与消费环节，以"减量化、再利用、再循环"，为行为准则，减少进入生产和消费流程的物质量；尽量延长产品的使用期以及服务的时间强度，要求产品完成其使用功能后，能重新变成可以利用的资源，通过再次利用防止物品过早成为垃圾；极大地提高资源与环境的利用效率，减少环境污染，实现资源的科学合理与高效利用，从而促进经济健康稳定地发展。

总之，循环经济是一种生态型经济，倡导的是人类社会、经济发展与生态环境和谐统一的发展模式。效仿生态系统原理，把社会、经济系统组成一个具有多重物质多次利用和再生循环的网、链结构，使之形成"资源—产品—再生资源"的闭环反馈流程和具有自适应、自调节功能的，适应生态循环的需要，与生态环境系统的结构和功能相结合的高效的生态型社会经济系统。使物质、能量、信息在时间、空间、数量上得到最佳、合理、持久的运用，实现整个系统的低开采、高利用、低排放，把经济活动对自然环境的影响降低到尽可能小的地步，做到对自然资源的索取控制在自然环境的生产能力之内，把废弃到环境中的废物量压缩在自然环境的消化能力之内。实现可持续发展所要求的环境与经济双赢，即在资源不退化甚至改善的情况下促进经济的增长。

循环经济从本质上不同于传统经济，体现在：

第一，新的系统观。循环经济是一个涉及社会再生产领域各个环节的系统性、整体性经济运作方式。它要求把经济活动组织成为"资源—产品—再生资源"的循环流程的闭环式经济，所有的原料和能源都在这个不断进行的经济循环中得到合理运用，从而使经济活动对自然环境的影响控制在尽可能低的程度。而且还要求把人也置身于这一系统之中，作为系统的一部分来研究符合客观规律的经济原则，所以，只有通过整个社会再生产体系层面的系统性协调，才能真正实现资源的有效循环利用。

第二，新的资源观。传统经济的资源观是最大限度地开发利用自然资源，最大限度地创造社会财富，而循环经济的资源不仅指自然资源，还包括再生资源。循环经济的资源观是要充分考虑自然生态系统的承载能力，尽可能地节约自然资源，不断提高自然资源的利用率，循环使用资源。在环境方面体现了自然资源与环境的价值，促进整个社会减缓对资源与环境财产的损耗，确立了新型的资源供应渠道。目前许多西方国家都把资源开发的重点转向了废弃物资源的再生利用，形成了新的原材料供应渠道，从而突破了传统工业经济的资源仅指自然资源的旧理念。在循环经济的"3R"原则，"减量化"原则中，即在生产的投入端尽可能少地输入自然资源，也就是要求用较少的原料和能源投入来达到既定的生产目的和消费目的，进而从经济活动的源头节约资源和减少污染。

第三，新的效益观。循环经济不仅带来了全新的环境效益，也给人们带来了巨大的经济效益。目前，西方发达国家已陆续建立了较为完善的废弃物资源化、无害化产业体系。据不完全统计，目前世界上主要发达国家的再生资源回收总值已达到一年 2500 亿美元，并且以每年 15%～20% 的速度增长。全世界钢产量的 45%、铜产量的 62%，锌产量的 30%、纸制品的 35% 来自于再生资源的回收利用。所以，利用再生资源进行生产，不仅可以节约自然资源，遏制垃圾泛滥，而且要比利用天然原料进行生产能耗低，污染物排放少。

2.2.2　循环经济的基本原则

循环经济是一种善待地球的经济发展新模式，它要求人们在生产和消费活动中倡导新的行为规范和准则，减量化（Reduce）、再利用（Reuse）、资源化（Resource）（3R）原则就是实施循环经济的基本指导原则。

（1）减量化原则。减量化原则是输入端方法，即减少进入生产和消费过程的物质和能源消耗量，从源头上节约资源和减少污染物的排放。它对污染的防治是通过预防的方式而不是末端治理的方式来解决的。

（2）再利用原则。再利用原则是过程性方法，即提高产品和服务的利用效率，要求产品和包装容器以初始形式多次使用，减少一次用品的污染，目的是提高产品和服务的时间强度。也就是说，尽可能多次或多种方式地使用物品，避免物品过早成为垃圾。

（3）资源化原则。资源化原则是输出端方法，它要求物品完成使用功能后重新变成再生资源，就是我们通常所说的废品回收利用和废物综合利用。通过资源化能够减少废物的产生，提高资源的利用效率。

3R 原则对循环经济的技术范式给出了清晰的刻画，这个概念是中国学者在国外微观企业发展循环经济的技术范式在宏观领域的放大使用。但事实上，在发达国家、在国家层次上明确循环经济发展模式的国家只有德国和日本，美国并没有在国家层次上直接以循环经济的名义进行立法和制定相应战略，而是针对环境保护、资源保护问题制定了一系列有关废弃物处理和资源回收的法律。德国和日本比较明确地在国家层次上直接进行了循环经济和循环型社会（日本）立法。从发达国家当前的实践来看，他们的重点首先是放在废弃物资源回收再利用和无害化处理方面。而资源使用的减量化则主要通过市场的价格机制得到了解决。例如，节约能源、节约原材料等，本身即是企业追求经济效率必须要考虑的。因为能源和初级原材料的价格都很昂贵，追求利润最大化的企业必然千方百计地减少能源和资源的消耗，以便降低成本，增加产品的市场竞争力。我国学者把循环经济的内涵定位于 3R，把减量化放在首位，是针对中国人口数量巨大，资源和能源的人均拥有量很低、能源和资源利用效率也很低的现实而做出的合理演绎。

减量化本身有两层含义。一是污染物的减排，二是减少单位经济产出的资源和能源消耗。前者是针对生态环境压力而言的，后者是针对资源和能源短缺压力而言的。这两者具有紧密的关系。在同样的环境技术体系下，减少资源和能源消耗必然减少污染的排放，这是从本源上解决污染问题的方法。但是，减少资源和能源消耗往往是相对于单位产出而言的。随着人口的增长和因经济增长而带来的消费水平的提高，使得社会对产品的总需求量急剧扩大，即使是由于技术进步降低了单位产出资源和物质消耗，资源和能源的总需求量也将会不断增加。因此，在单位产出资源和能源消耗减量化的基础上实现再利用和资源化，才能减少对初始资源和能源的需求。

减量化应该既包括资源消耗减量化，也包括污染排放减量化。从这个意义上讲，3R 构成了发展循环经济的在技术方面的充分与必要条件。 但是，实践表明，循环经济在技术上的可能性和可行性，都只是发展循环经济的必要条件，而不是充分条件。在现实经济中，任何理性经济人的化身（企业）都在追求利润最大化。如果节约资源和能源、处理废弃物和使用再生资源、保护环境会削减企业利润，那么，企业将不会这么做。因为在现有的市场价格体系和规制条件下，环境的价值没有在经济系统中得到充分的体现。尽管社会中每一个人都希望生活在良好的生态环境中，但是，在两种情况下生态环境被破坏成为必然的结果。一种情况是，可以通过对自然环境的损害获得对当事人自身具有更大的效用的物质利益，这时当事人会毫不犹豫地采取破坏环境的行动获取物质利益。另一种情况是，当自己周围的生态环境被别人用来获取经济利益而遭到破坏时，当事人没有足够的能力阻止这种行为，或者必须付出超过为阻止这种行为而获得的效用的交易成本。

第一种情况说明，环境破坏是内部利益与外部利益的比较问题。即企业在获取自己的物质利益时，没有与外部人签约，没有对外部环境损害给他人造成的损失给予足够的补偿，甚至没有给予任何补偿。如果有一种强制性约束，企业必须在不破坏环境的情况下获取利益，或对破坏了的环境必须进行恢复。那么，环境破坏就不会发生。

第二种情况说明，环境破坏者处于强势地位，环境破坏的后果承担者处于弱势地位。环境破坏是强者强加于弱者的环境权利剥夺行为，是一种不公平。因此，弱者利益需要有某种力量来维护。这种利益代表人可以是政府，也可以是非政府组织。

由于循环经济模式得以发展的原因主要是环境和资源压力，因此，发展循环经济就必须解决必然导致污染的根本原因。显然，技术不能自动从根本上解决上述问题，只有靠制度变革才能解决。如果制度规定企业污染环境必须与外部人签约，对外部人的环境损失进行补偿或对环境进行恢复治理，否则就会被惩罚，那么，企业自然就会研究开发新的技术，减少资源的消耗，减少污染的排放。如果制度规定对环境的保护严格到一定程度，使得循环利用资源，把废弃物变成再生资源重复利用在经济上更有利可图，企业就会自然采用循环经济方式进行生产。因此，循环经济发展的基石是制度和技术使得企业具有微观经济效益。由于减少污染、保护环境本具有外部效益，当内部效益低到对企业没有激励作用的程度时，必须有一种机制，使得企业致力于用循环经济模式进行生产所产生的外部效益内部化。这种机制便是通过立法和政策调整，使得环境具有"价值"，对环境的利用必须支付费用，改善环境可以得到补偿。上述经济分析可以得出一个结论：发展循环经济在免费利用环境和天然资源的经济体制下是不可能的。因此，从经济学的角度看，发展循环经济需要两个基本条件，一是必须进行制度创新，二是必须进行技术创新。制度创新提供发展循环经济的动力，技术创新提供发展循环经济的手段，二者缺一不可。

2.2.3 循环经济的三个层面

循环经济起源于工业经济，其核心是工业物质的循环。在工业经济体系中，有以下三种循环，或称三个层面上的循环，如图 2-4 所示。

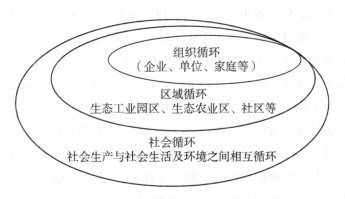

图 2-4 物质循环的三个层面

1. 组织层次（小循环）

企业内部的物质循环，即小循环，属于清洁生产的范畴。把污染预防的环境战略持续地运用于生产过程的各个环节，通过革新工艺、更新设备及强化管理等手段，提高生产率，加大循环力度，实现污染物的少排放、甚至零排放。

企业内部的物质循环应该注重生态经济效益，做到：减少产品和服务的物料使用量；减少产品和服务的能源使用量；减少污染物质的排放；加强物质的循环使用能力；最大限度可持续地利用可再生资源；提高产品的耐用性、标准化和通用性；提高产品与服务的服务强度，从生产优先到服务优先，由把中心概念建立在交换价值之上的线性经济转化为建立在使用价值之上的职能经济即循环经济。

例如污水回用工艺变为企业内部典型的循环实践。美国杜邦化学公司于20世纪80年代末把工厂当作试验新的循环经济理念的实验室，创造性地把3R原则发展成为与化学工业实际相结合的"3R制造法"，以达到少排放甚至零排放的环境保护目标。他们通过放弃使用某些环境有害型的化学物质、减少某些化学物质的使用量以及发明回收本公司产品的新工艺，到1994年已经使生产造成的塑料废弃物减少了25%，空气污染物排放量减少了70%。同时，他们还从废塑料（如废弃的牛奶盒和一次性塑料容器）中回收化学物质，开发出了耐用的乙烯材料维克等新产品。

2. 区域层次（中循环）

区域循环，即中循环，是按照生态学理论和生态设计原则，通过合理布置生产组织和生活，使一种组织的"排泄物"成为另一种组织的"食物"，按生态系统中的"食物链"结构形式完成物质循环和能量流动。

企业之间的物质循环，组织生态工业链，把不同的经济组织连接起来，形成共享资源和互换副产品的产业共生组合，使一家的"三废"成为另一家的原料或能源。丹麦的卡伦堡生态工业园区是目前国际上工业生态系统运行最为典型的代表。该园区以发电厂、炼油厂、制药厂和石膏制板厂4个厂为核心，通过贸易的方式把其他企业的废弃物或副产品作为本企业的生产原料，建立生态链代谢关系，最终实现园区的污染物"零排放"。其中，燃煤电厂位于这个工业生态系统的中心，对热能进行了多级使用，对副产品和废物进行了综合利用。电厂向炼油厂和制药厂供应发电过程中产生的蒸汽，使炼油厂和制药厂获得了生产所需的热能；通过地下管道向卡伦堡全镇居民供热，由此关闭了镇上3500座燃烧油渣的炉子，减少了大量的烟尘排放；将除尘脱硫的副产品工业石膏，全部供应附近的一家石膏板生产厂做原料。同时，还将粉煤灰出售，供铺路和生产水泥之用。炼油厂和制药厂也进行了综合利用。炼油厂产生的火焰气通过管道供石膏厂用于石膏板生产的干燥，减少了火焰气的排空，其中一座车间进行酸气脱硫生产的稀硫酸供给附近的一家硫酸厂；炼油厂的脱硫气则供给电厂燃烧。卡伦堡生态工业园还进行了水资源的循环利用。炼油厂的废水经过生物净化处理，通过管道向电厂输送，每年输送电厂 70 万 m^3 的冷却水。整个工业园区由于进行水的循环使用，每年减少 25% 的需水量。有学者已初步评估了卡伦堡工业共生系统的环境、经济优势：

一是，减少资源消耗：每年节约 4.5 万吨石油、1.5 万吨煤炭、特别是 60 万 m^3 水，这些都是该地区相对稀少的资源。

二是，减少造成温室效应的气体排放和污染：每年减少排放 17.5 万吨 CO_2 和 1.02 万吨 SO_2。

三是，废料再利用：每年利用 13 万吨炉灰、4500 吨硫、9 万吨石膏、1440 吨氮和 600 吨磷。

3. 社会层次（大循环）

社会整体循环，大力发展绿色消费市场和资源回收产业，在整个社会范围内，完成"资源—产品—再生资源"的闭合回路。工业产品经使用报废后，其中部分物质返回原工业部门，作为原料重新利用。

大循环，是针对消费后排放的循环经济。包括城市层次的废弃物再生利用和可持续消费。在产业结构升级和调整的基础上进行"生态结构重组"，即按"食物链"形式进行产业布局，形成互相交错、能量流动通畅，物质良性循环的"产业网"。建立社会大循环的关键在于寻求链接口。目前，世界各国都在积极探索和尝试这种经济大循环模式。例如污水原位再生技术、城市污泥在森林与园林绿地的利用及大气降水回用等技术的研究，成为社会循环经济的一部分。

德国的双轨制回收系统（DSD）起了很好的示范作用。DSD 是一个专门组织对包装废弃物进行回收利用的非政府组织。它接受企业的委托，组织收运者对他们的包装废弃物进行回收和分类，然后送至相应的资源再利用厂家进行循环利用，能直接回用的包装废弃物则送返制造商。DSD 系统的建立大大地促进了德国包装废弃物的回收利用。

日本在 2000 年修改了《推进形成循环型社会基本法》，率先提出了循环型社会的概念，明确规定了国家、地方政府、企业的任务与责任。以该法为基础制定了《废弃物处理法》《再生资源利用促进法》《专门再利用法》《建设再利用法》《食品再利用法》《绿色购物法》《家电再利用法》等，并制定了一系列相应的政府政策、程序、计划等。

总之，循环经济是对清洁生产和生态工业理论的拓展。三者是一组具有内在逻辑的理论创新。其中，清洁生产是循环经济的微观基础，工业生态理论是循环经济的中观基础，而循环经济则既是对清洁生产内容的两次扩展，对工业生态理论的飞跃，也是实现清洁生产目标的新的方法和途径。循环经济是可持续发展战略的主要载体和具体实现形态。只有当人们的行为从高排放的"牧童经济"转变为低排放的循环经济的时候，一个可持续发展的社会才真正来临。

2.2.4 循环经济的技术战略

1. 循环经济的技术载体

发展循环经济需要有相应的技术支撑。如果说，当代知识经济的主要技术载体是以信息技术和生物技术为主导的高新技术，那么循环经济的技术载体就是环境无害化技术或环境友好技术。环境无害化技术的特征是污染排放量少，合理利用资源和能源，更多地回收废物和产品，并以环境可接受的方式处置残余的废弃物。环境无害化技术主要包括预防污染的少废或无废的工艺技术和产品技术，但同时也包括治理污染的末端技术。主要类型有：

（1）污染治理技术

污染治理技术是指传统意义上的环境工程技术，是用来消除污染物质的技术，通过建设废弃物净化装置来实现有毒有害废弃物的净化处理。其特点是不改变生产系统或工艺程序，只是在生产过程的末端通过净化废弃物实现污染控制。目前，专门进行废弃物净化处置的环保产业正在作为一个新兴的产业部门获得迅速发展。它们主要生产用于工农业生产的各类控制和净化废弃物的装置和设备，其中包括汽车尾气控制和煤烟脱硫等大气污染防治技术、水污染防治技术、填埋和焚烧等固体废物处理技术、噪声污染防治技术等。

（2）废物利用技术

废物利用技术是用来进行废弃物再利用的技术，通过这些技术实现产业废弃物和生活废弃物的资源化处理。目前，比较重要的废物利用技术有废纸加工再生技术、废玻璃加工再生技术、废塑料转化为汽油和柴油技术、有机垃圾制成复合肥料技术、废电池等有害废物回收利用技术等。

（3）清洁生产技术

清洁生产技术是用来进行无废少废生产的技术，通过这些技术实现生产过程的零排放和制造产品的绿色化。它们在环境无害化技术体系中占据着核心位置。清洁生产技术包括清洁的生产和清洁的产品两方面的内容，即不仅要实现生产过程的无污染或少污染，而且生产出来的产品在使用和最终报废处理过程中也不会对环境造成损害。清洁生产的理念，不但含有技术上的可行性，还包括经济上的可盈利性，它充分体现了发展循环经济在环境与发展问题上的双重意义。

2. 循环经济的技术思路

（1）对经济系统进行物流分析

循环经济的生态经济效益最终将明显地体现在经济系统的物流变化上。一个循环经济的经济系统应该有可能大幅度地减少资源输入流，同时大幅度地减少废物输出流，而一个线性经济的经济系统则同时具有巨量的物料输入流和巨量的废物输出流。循环经济的技术思路是要使线性经济两个端点的消耗和排放大幅度降低。生态足迹理论和可持续发展之岛理论指出，一个真正的循环经济系统其物流活动应该基本上是地区性的。这不是要制造地区间、国际间的生态隔离，而是要尽可能突出所在地区和邻近地区经济之间的相互作用。人们应努力于这样的经济交换：一个地区的物质与能源输入应尽可能来自于输出地区的净剩余，而不是单纯的索取，从而避免有损于输出地区的自然资源。

（2）运用生命周期理论进行评估

从循环经济的角度看，对一个经济系统（无论是企业、城市还是国家）的输出输入和环境影响进行分析评估，必须立足于整个过程和整个系统，而不是仅仅涉及其中的一个环节或一个局部。因此，生命周期评估理论构成了循环经济的微观技术思路。它要求从物质和能源的整个流通过程即从开采、加工、运输、使用、再生循环、最终处置六个环节对系统的资源消耗和污染排放进行分析，从而得到全过程全系统的物流情况和环境影响，由此评估系统的生态经济效益优劣。运用生命周期理论可以避免传统线性思维从某一个单独的环节进行环境影响评估的局限。

（3）生命周期评估的三个环节

作为循环经济技术基础的生命周期研究通常由三个典型部分组成：①数据收集。首先需要收集经济系统的数据，以对能源和原材料需求、大气排放、水体排放、固体废物产生以及经济活动各阶段产生的其他环境排放进行量化。②影响分析。在前一环节基础上描述和评价所识别到的环境负荷影响，包括对生态与人类健康的影响以及对生活环境改变方面的影响。③改善分析。最终需要系统地评估降低环境负担的需求和机会，而改进的措施应该涉及经济循环的各个环节，如改变产品、工艺及活动的设计，改变原材料的使用，改变工业加工过程，改变消费者使用方式及改变废物管理方式等。

2.2.5 循环经济与可持续发展

可持续发展是人类与自然协调的必然选择，循环经济的内涵、原则与可持续发展是一致的。因此，循环经济是顺应可持续发展战略形势需要的产物，是使人类社会、经济系统的结构和运行模式与生态系统相协调，促进可持续发展实现的深化措施和有力保障。

1. 循环经济是社会、经济发展的保证

自然资源的利用方式是实现社会经济发展的决定性因素，循环经济强调资源的最优利用和良性循环，这将会有效地解决资源耗竭、短缺和生态平衡破坏的问题，保障可持续地发展。

2. 循环经济是可持续发展的协调性原则的有力保证

循环经济是以生态学原则为指导原则，实现自然资源减量化、最优化利用，生产方式生态化、清洁化，尽可能减少对生态系统的干扰，废弃物最少量排放的同时最大限度地产生社会经济效益，使社会经济系统对自然生态系统的污染和破坏降低到最小限度，至少保持在生态系统承载力以内，保护生态系统的稳定、平衡，同时，把生态建设作为发展模式的重要组成部分。所以，大大促进了经济与生态的协调发展。

3. 循环经济促进区域间的协调发展

循环经济在发展经济的同时，以社会、经济、自然环境大系统的角度而不是将局部割裂地看待和分析系统，根据自然资源和环境状况因地制宜地制定其发展战略、政策等，从而打通资源再利用、多次循环利用的通道，大大减低了由于资源拥有量差异带来的区域间的发展不平衡，能够实现区域间的扬长避短、优势互补和经济交流、合作，有利于消除地区差别。

4. 循环经济保障资源利用的代际均衡

循环经济遵循资源在时间、空间、数量上实现最优利用的原则，提倡尽可能利用可再生资源和回收循环利用资源，减少不可再生资源的消耗量，遵循生态学原则，保证生态环境资源的持续再生能力，实现资源在时间层面上的最佳利用，强调使当代人给后代留下不少于自己的可利用资源量，从而实现资源利用的代际均衡原则。

5. 循环经济与可持续发展都遵循生态学原则

循环经济遵循与生态环境友好的原则，与自然生态环境协调发展的原则，高效的原则，子系统内部高效、协调、平衡的原则，持续发展的原则。与可持续发展的协调发展和推行生态型生产与发展模式相一致。

2.3　我国发展循环经济的意义及措施

2.3.1　我国发展循环经济的意义

发展循环经济是缓解资源约束矛盾的根本出路。我国资源禀赋较差，虽然总量较大，但人均占有量少。国内资源供给不足，重要资源对外依存度不断上升。一些主要矿产资源的开采难度越来越大，开采成本增加，供给形势相当严峻。改革开放以来，用能源消费翻一番支撑了 GDP 翻两番。到 2020 年，要再实现 GDP 翻两番，即便是按能源再翻一番考虑，保障能源供给也有很大的困难。如果继续沿袭传统的发展模式，以资源的大量消耗实现工业化和现代化，是难以为继的。研究表明，如果采取强化节能的措施，大幅度提高能源利用效率，到 2020 年使万元 GDP 能耗由 2002 年的 2.68 吨标准煤降低到 1.54 吨标准煤，那么能源消费总量就能控制在 30 亿吨标准煤；再生铝比重如果能从目前的 21% 左右提高到 60%，就可替代 3640 万吨的铝矿石需求。为了减轻经济增长对资源供给的压力，必须大力发展循环经济，实现资源的高效利用和循环利用。

发展循环经济是从根本上减轻环境污染的有效途径。当前，我国生态环境总体恶化的趋势尚未得到根本扭转，环境污染状况日益严重。水环境每况愈下，大气环境不容乐观，固体废物污染日益突出，城市生活垃圾无害化处理率低、农村环境问题严重。大量事实表明，水、大气、固体废弃物污染的大量产生，与资源利用水平密切相关，同粗放型经济增长方式存在内在联系。据测算，我国能源利用率若能达到世界先进水平，每年可减少 SO_2 排放 400 万吨左右；固体废弃物综合利用率若提高 1%，每年就可减少约 1000 万吨废弃物的排放；粉煤灰综合利用率若能提高 20%，就可以减少排放近 4000 万吨，这将使环境质量得到极大改善。大力发展循环经济，推行清洁生产，可将经济社会活动对自然资源的需求和生态环境的影响降低到最低程度，从根本上解决经济发展与环境保护之间的矛盾。

发展循环经济是提高经济效益的重要措施。目前我国资源利用效率与国际先进水平相比仍然较低，突出表现在：资源产出率低、资源利用效率低、资源综合利用水平低、再生资源回收和循环利用率低。目前，我国矿产资源总回收率为 30%，比国外先进水平低 20%，共伴生矿产资源综合利用率为 35% 左右。实践证明，较低的资源利用水平，已经成为企业降低生产成本、提高经济效益和竞争力的重要障碍；大力发展循环经济，提高资源的利用效率，增强国际竞争力，已经成为我国面临的一项重要而紧迫的任务。

发展循环经济是应对新贸易保护主义的迫切需要。在经济全球化的发展过程中，关税壁垒作用日趋削弱，包括"绿色壁垒"在内的非关税壁垒日益凸显。近几年，一些发达国家在资源环境方面，不仅要求末端产品符合环保要求，而且规定从产品的研制、开发、生产到包装、运输、使用、循环利用等各环节都要符合环保要求，对我国发展对外贸易特别是扩大出口产生了日益严重的影响。我们要高度重视，积极应对，尤其是要全面推进清洁生产，大力发展循环经济，逐步使我国产品符合资源、环保等方面的国际标准。

发展循环经济是以人为本、实现可持续发展的本质要求。传统的高消耗的增长方式，向自然过度索取，导致生态退化、自然灾害增多、环境污染严重，给人类的健康带来了极大的损害。要加快发展、实现全面建设小康社会的目标，根本出发点和落脚点就是要坚持以人为本，不断提高人民群众的生活水平和生活质量。要真正做到这一点，必须大力发展循环经济，走出一条科技含量高、经济效益好、资源消耗低、环境污染少、人力资源优势得到充分发挥的新型工业化道路。

总之，发展循环经济有利于形成节约资源、保护环境的生产方式和消费模式，有利于提高经济增长的质量和效益，有利于建设资源节约型社会，有利于促进人与自然的和谐，充分体现了以人为本，全面协调可持续发展观的本质要求，是实现全面建设小康社会宏伟目标的必然选择，也是关系中华民族长远发展的根本大计。我们要从战略的高度去认识、用全局的视野去把握发展循环经济的重要性和紧迫性，进一步增强自觉性和责任感。

2.3.2　发展循环经济的措施

发展循环经济，要坚持以科学发展观为指导，以优化资源利用方式为核心，以提高资源生产率和降低废弃物排放为目标，以技术创新和制度创新为动力，采取切实有效的措施，动员各方面力量，积极加以推进。

转变观念。加快发展循环经济，必须摒弃传统的发展思维和发展模式，把发展观统一到坚持以人为本，全面协调可持续的科学发展观上来，在发展思路上彻底改变重开发、轻节约，重速度、轻效益，重外延发展、轻内涵发展，片面追求 GDP 增长、忽视资源和环境的倾向。

搞好规划。要把发展循环经济作为重要原则，用循环经济理念指导编制各类规划。加强对发展循环经济的专题研究，加快节能、节水、资源综合利用、再生资源回收利用等循环经济发展重点领域专项规划的编制工作。建立科学的循环经济评价指标体系，研究提出国家发展循环经济战略目标及分阶段推进计划。

调整结构。加快发展低耗能、低排放的第三产业和高技术产业，用高新技术和先进适用技术改造传统产业，淘汰落后工艺、技术和设备。严格限制高耗能、高耗水、高污染和浪费资源的产业。用循环经济理念指导区域发展、产业转型和老工业基地改造，促进区域产业布局合理调整。开发区要按循环经济模式规划、建设和改造，充分发挥产业集聚和工业生态效应，围绕核心资源发展相关产业，形成资源循环利用的产业链。

健全法制。研究建立完善的循环经济法规体系。制定《资源综合利用条例》《废旧家电及电子产品回收处理管理条例》《废旧轮胎回收利用管理条例》《包装物回收利用管理办法》等发展循环经济的专项法规。加快制定用能设备能效标准、重点用水行业取水定额标准、主要耗能行业节能设计规范以及强制性能效标识和再利用品标识等发展循环经济的标准规范。加大执法监督检查的力度，逐步将循环经济发展工作纳入法制化轨道。

完善政策。通过深化改革，形成有利于促进循环经济发展的体制条件和政策环境，建立自觉节约资源和保护环境的机制。结合投资体制改革，调整和落实投资政策，加大对循环经济发展的资金支持；进一步深化价格改革，研究并落实促进循环经济发展的价格和收费政策；完善财税政策，加大对循环经济发展的支持力度；继续深化企业改革，制定有利于企业建立符合循环经济要求的生态工业网络的经济政策。

依靠科技。重点组织开发和示范有普遍推广意义的资源节约和替代技术、能量梯级利用技术、延长产业链和相关产业链接技术、"零排放"技术、有毒有害原材料替代技术、回收处理技术、绿色再制造等技术，努力突破制约循环经济发展的技术瓶颈。积极支持建立循环经济信息系统和技术咨询服务体系，及时向社会发布有关循环经济的技术、管理和政策等方面的信息，开展信息咨询、技术推广、宣传培训等。

示范推广。在重点行业、重点领域、工业园区和城市开展循环经济试点工作。通过试点，提出循环经济发展模式，重大技术领域和重大项目领域，循环经济综合评价指标体系，完善再生资源回收网络和促进再生资源循环利用的法规、政策和措施；提出按循环经济模式规划、建设、改造工业园区以及城市发展的思路；树立先进典型，为加快发展循环经济提供示范和借鉴。在企业全面推行清洁生产，为发展循环经济奠定微观基础。

强化管理。加强企业资源环境管理是发展循环经济的基础。企业要建立健全资源节约管理制度，加强资源消耗定额管理、生产成本管理和全面质量管理，建立车间、班组岗位责任制，完善计量、统计核算制度，加强物料平衡。建立有效的激励和约束机制，完善各项考核制度，坚持节奖超罚，调动职工节约降耗、综合利用和实施清洁生产的积极性。

宣传教育。要组织开展形式多样的宣传培训活动，提高全社会特别是各级领导对发展循环经济重要性和紧迫性的认识，引导全社会树立正确的消费观，鼓励使用绿色产品，抵制过度包装等浪费资源行为，把节能、节水、节材、节粮、垃圾分类回收，减少一次性产品的使用逐步变成每个公民的自觉行为，逐步形成节约资源和保护环境的生活方式和消费模式。

　　加强领导。各地区、各有关部门要加强对循环经济发展工作的组织领导，确定专门机构和专人负责，做到层层有责任，逐级抓落实。要加快研究制定循环经济发展的推进计划和实施方案，加强部门间的合作，建立有效的协调工作机制，扎扎实实地推进循环经济发展。

第3章 煤炭矿区循环经济发展模式

3.1 煤炭矿区发展循环经济的原则

煤炭矿区发展循环经济要立足于生产与消费过程中资源消耗与废弃物的减量化、再利用与资源化，促进煤炭企业经济效益、社会效益和环境效益的同步增长，实现矿区经济与环境的协调发展，最终建成经济发达、环境优美、社会和谐的矿区。

（1）"3R"原则

减量化原则：在煤炭生产过程中提高资源的回收率和减少各种污染物，如煤矸石、煤泥水、瓦斯和煤尘等的排放量。在煤炭消费过程中减少运输的浪费、提高利用效率和减少污染物的排放。

再利用原则：要求煤炭矿区尽可能地对煤炭资源进行深加工，延长煤炭资源产业链条，推进煤炭洁净利用、高效地使用煤炭资源。同时，扩大资源开发领域，对共伴生资源进行综合开发和利用。

资源化原则：煤炭生产和消费的各部门应对废弃物进行资源化再利用，使废弃物重新变成可以利用的资源。

（2）全过程原则

针对煤炭开发与利用的特殊性、复杂性和广泛性，煤炭矿区发展循环经济要遵循全程化原则。煤炭开发与消费的全过程。既要重视煤炭资源的高效开发与回收，也要重视煤炭资源的高效利用。

全程减排废弃物要求从煤炭生产的源头减少废弃物的排放，并在煤炭使用前、使用中和使用后，采用各种先进技术与工艺，减少废弃物的排放。

（3）全方位原则

针对废弃物的多样性，煤炭矿区发展循环经济要遵循全方位的原则。废弃物的全方位利用要求既要重视煤炭生产中产生的废弃物，也要重视煤炭消费中产生的废弃物，还要重视土地资源的保护。要全方位地对废弃物进行回收与资源化再利用；既要重视煤炭资源的开发，也要重视共伴生矿物的开发和利用，以减少浪费，减少污染。

3.2　煤炭矿区发展循环经济的基本思路

1. 煤炭生产环节

根据煤炭矿区发展循环经济的基本原则，矿区要推行清洁生产，提高资源、能源利用效率，减少污染物产生量与排放量，促进煤矿开采的技术创新，使有限的煤炭资源得到最大限度充分合理的利用。

在矿井设计时就要遵循循环经济的 3R 原则，考虑矿井在生产期间可能出现大量的废弃物，配套建设洗煤厂、煤矸石热电厂、矿井水处理站、建材厂等。整体设计规划上，要按"输入—过程—输出"进行全过程物质循环利用，由整个生产系统构成工业性的"生态"平衡。在煤炭的开采过程中要节能、使用可再循环的原材料、提高资源回收率。基本思路如下：

（1）集约化生产、提高资源回收率

优化煤炭产业组织，实施大集团战略，建设高产高效集约化矿井，依据资源条件，合理确定新建矿井规模，重点建设大中型矿井，限制小型矿井，从源头上减少煤炭占用量，减少浪费。

从工艺、技术、装备等方面实质性改变煤矿的生产状况，提升煤矿的生产能力和回采率，最大限度地开发出已动用的资源。选择适合煤炭资源赋存条件的开采方式，提升煤炭资源的开采范围，研究新的生产设备、新的采煤方法、采煤工艺，以提高薄煤层、特殊煤层、"三下一上"煤层的采出率。

（2）清洁开采

清洁开采是立足于煤炭开采的生产过程，通过对采煤方法和工艺，岩层控制以及相关技术的开发和应用，改变传统开采工艺造成的生态与环境破坏问题。

地下气化。加强煤炭地下气化技术的研究，将气化遗留地煤柱、采用常规方法不宜开采的煤和限制开采的高硫煤为主要方向，以达到回收煤炭资源的目的。

减少煤矸石排放。改革开拓巷道布置方式，优化采区巷道布置，选择合适的采煤方法和生产工艺，减少煤矸石的产生。同时，要大力推行井下煤矸石处理技术，从根本上消除煤矸石污染的危害。

减轻地表沉陷。根据资源条件和地质情况，采用充填、联合、协调、条带等适当的开采方法，控制地表沉陷。

减少瓦斯直接排放。推广高效瓦斯抽放技术，实现综合抽放，提高抽放量和抽放效率。研究低浓度瓦斯的回收、浓缩技术，减少瓦斯直接排放量。

减少水资源破坏。开展采矿与排水对环境影响研究，加强保水采煤技术的研究与工业性试验，限制和降低煤炭开采过程对水资源的破坏。采取相关措施，将未被污染的干净地下水用管道排到地面，减少污水的排放量。

减少材料消耗。煤炭企业在生产过程中，不仅消耗大量电力，也要消耗大量的钢材、建工材料、火工材料、油脂及木材等。为此，应在煤炭企业大力推广节能装备、节能工艺与技术，减少生产过程中的能源及材料消耗。

（3）污染物控制与资源化

污染物控制与资源化就是要最大限度地利用煤炭生产过程中排放的污染物，保护和改善生态环境。

瓦斯利用。研究瓦斯地面开发和井下抽放两种方式的适用性与经济性。研究生产适合我国瓦斯地质条件的钻井、压裂和排采工艺技术和设备。大力发展瓦斯发电、瓦斯化工及瓦斯民用等。

土地复垦。研究采煤塌陷土地的土壤特性变异分布规律，塌陷地不同复垦工程方法的复垦土壤重构技术，塌陷地复垦土壤改良技术，塌陷区复垦耕地土壤特性的时空变化规律，确定开采塌陷后土地复垦的最佳时机及土壤重构、改良的方法技术，形成适应煤炭矿区生态环境保护的开采工艺和采煤塌陷地复垦土壤重构技术。

煤矸石综合利用。主要领域是煤矸石发电、煤矸石复垦、煤矸石生产建筑材料、制品及煤矸石制造肥料和提取化工产品。重点应是煤矸石发电和生产建筑材料及制品。

矿井水净化。研究矿井水资源化处理技术，大力推广应用电渗析和反渗透技术，使高矿化度、高硬度矿井水资源化。

（4）其他共伴生矿物的综合开发

我国很多煤矿都伴生高岭土（岩）、膨润土、油母页岩、蒙脱石、石膏、硫铁矿、硅藻土、耐火粘土等矿物，加强这些共伴生资源的综合开发与利用，可以减少资源浪费，提高企业经济效益。

2. 煤炭消费环节

（1）清洁贮运

建立封闭贮煤仓，减少露天煤炭堆放量，减少贮煤区的环境污染；建立封闭运煤系统，减少煤炭运输沿线的环境污染。

（2）清洁转化

煤炭转化对提高煤炭利用效率、保护环境、改变终端能源消费结构具有重要的意义。

煤的液化。应该重视煤液化基础研究技术开发工作，优化煤液化技术的工艺，降低煤炭液化的成本，正确定位煤液化代油技术的作用，以达到节约用煤，综合用煤的目的。

煤的气化。逐步改造和淘汰中小规模和落后的煤气化工艺，发展先进的加压固定床、加压流化床和加压气流床技术，把大规模高效煤炭气化工艺作为今后的发展和应用方向。

多联产技术。是煤化工的发展方向。它将多种煤炭转化技术通过优化集成组合在一起，可同时生产各种化学品、液体燃料以及燃气、电、热等洁净二次能源，实现了煤炭价值的梯级利用，使煤炭利用效率和经济效益得到优化。

（3）洁净燃煤

以提高效率、减少污染为宗旨的洁净燃煤技术，已成为世界煤炭利用技术发展的热点，是国际高科技竞争的重要领域之一。因此，推广先进、洁净燃煤技术是提高燃煤效率、保护和改善环境的重要手段。

应用先进发电技术。综合考虑技术成熟度和可用率、发电效率、单位煤耗、环保性能、投资和成本等因素，应大力推广超临界和超超临界机组。

推广烟气净化技术。应加大力度，推广烟气脱硫技术、烟气除尘技术、烟气脱硝技术和脱硫脱硝一体化技术，减少电厂的烟气污染。

粉煤灰综合利用。主要领域是粉煤灰制作建筑材料、粉煤灰井下回填和充填矿井塌陷区、粉煤灰筑路和从粉煤灰中提取化工原料。

推广循环流化床锅炉。针对我国锅炉煤种供应多变、原煤直接燃烧比例高等特点，用循环流化床燃烧技术改造热电联产和小机组。

3.3 煤炭矿区发展循环经济的模式

传统的煤炭企业生产是以煤炭资源的开采和洗选初加工为主，经济增长是按照"资源—产品—废物排放"的模式来实现。在为社会提供大量煤炭的同时，也带来一系列的环境问题。一方面，生产过程中排放的大量的煤矸石和煤泥、井下排水、开采引起的土地资源破坏是导致生态环境破坏的主要因素；另一方面，作为可以再生利用的大量废物资源长期以来未能系统有效地加以利用。传统的物质单向流动的线性发展模式已不能适应矿区社会经济发展的需要，发展循环经济是矿区的最佳选择。矿区循环经济模式应是一个具有多重物质多次利用和再生循环的网、链结构，是一种"资源—产品—再生资源"的闭环反馈流程和具有自适应、自调节功能的，与生态环境系统的结构和功能相结合的经济系统。

根据煤炭矿区发展循环经济的原则，确立煤炭矿区循环经济发展模式，如图 3-1 所示。煤炭矿区循环经济发展模式体现了煤炭企业从单一的线性模式走向以 3R 原则为主要方式的多重循环的发展模式。煤炭矿区循环经济发展模式基本涵盖了煤炭开采、加工、综合开发和利用、地下气化等内容。

煤炭矿区发展循环经济要应注意以下问题：

(1) 以煤炭资源的稀缺性与不可再生性为出发点，强调节约，把源头治理作为重点。主要体现在以下方面：一是千方百计提高煤炭资源回收率，最大限度地避免开采和加工过程中造成的资源浪费；二是大力节约煤炭企业自身在生产、加工过程中的能耗及物耗；三是把综合开发和综合利用作为充分利用资源，提高边界效益和环境质量的重要手段。

(2) 以环境承载力的有限性与环境问题为切入点，把清洁生产和提高经济效益结合起来，贯穿整个生产、加工及转化的全过程。煤炭企业的环境问题有行业的特殊性，大气环境、生态环境问题比较突出，还要解决安全环境和劳动作业环境问题，治理成本高。因此，要把治理环境与经济效益结合起来，尽一切可能使投入有所回报。

(3) 发展以煤炭生产基地为中心的相关多元化产业集群，充分发挥协同作用和聚合作用。主导方向是发展煤—电、煤—焦、煤—化、煤—建以及煤—路等相关产业，当然发展非煤产业，并不是越多越好，更不能简单地把非煤产业

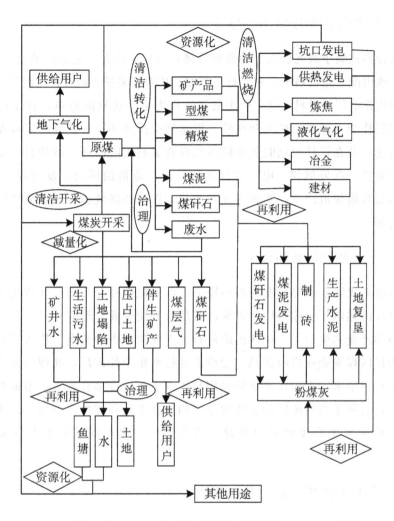

图 3-1 煤炭矿区循环经济发展模式

比重的高低作为企业优劣的衡量标准，要切实做到以市场为导向，以经济效益为中心，并结合当地和企业的具体条件，经过充分论证，再行决策。

3.4 煤炭矿区循环经济的实施

根据煤炭开采过程中所排放的废物特征、矿的资源条件和外部环境，煤炭矿区循环经济可以在企业、企业群体和社会三个层面来实施。

1. 煤炭企业内部的循环经济

这种形式属于微观层次上的循环经济，为厂区内各工艺之间的物料循环。工业场地内配套建设热电厂和建材生产线，矿井开采排放矸石、煤泥等固体废物可以用作电厂的燃料，电厂产生的灰渣作为生产建材的原料，井下排水经过处理后作为水源供给矿井和电厂，以达到少排放甚至零排放的环境保护目标。新建矿井在设计规划时就要同步建设资源利用的循环经济项目。如延伸煤炭产业链，在发展煤—电—建材循环经济产业链的同时，发展煤—化工、煤—焦等高附加值产业，实现多元化经营，提高经济效益，促进循环经济的良性发展。

2. 企业之间的循环经济

这种形式属于中等程度的循环经济。可根据矿井分布情况合理集中布置一定规模的热电厂、建材厂等各种废物综合利用企业，形成共享资源和互换副产品的产业共生组合。矿区内的矸石、煤泥集中供给热电厂作为燃料，热电厂为矿区煤炭企业供电供热，建设矿井排水集中处理厂，处理后的水用于矿区生产供给水，把固体废物的利用与矿区生态建设结合起来，形成规模经济效应，有利于提高矿区的整体效益。如加强矿区环境综合治理，以土地复垦类型的矿区生态重建示范基地，逐步形成与生产同步的生态恢复建设机制。

3. 煤炭企业和社会之间的循环经济

企业和社会之间的循环经济比较符合资源型矿区的实际状况，其开采时间长，废物资源极为丰富，煤炭企业仅靠自身难以发展规模化的循环经济。可以由政府出面组织实施建立煤炭企业与社会之间的循环经济，采取多种融资渠道和多种经营方式，根据矿区的实际情况，集中建设一定规模的低热值燃料电厂和矸石建材厂，将各种矿井废物集中作为综合利用原料，如此能够解决中小型矿井发展循环经济所面临的资金、场地等实际问题，形成规模化和集约化的"资源—产品—再生资源"的整体社会循环，真正实现循环经济的闭路体系。

3.5　煤炭矿区循环经济产业链构建

3.5.1　产业体系是循环经济实现的载体

在达成循环经济"企业—企业间—区域或社会"的系统性框架中，具有关联性的产业体系建设是必不可少的关节点，亦为循环经济实现形式的载体。按"企业—企业间—产业间"的简单模式建设循环经济的产业体系，基础在单个企业。单个企业内部实现循环经济具有一定的局限性，因为它肯定会形成企业内无法消解的一部分废料和副产品，于是需要从厂外组织物料循环。这就必然需要延长产业链条，将更多地具有关联性的企业或者工厂融合为循环经济的产业体系。所以在实践中就创设了循环经济园区。

循环经济园区就是要在更大的范围内实施循环经济，把不同的工厂联结起来形成共享资源和互换副产品的产业共生组织，使得这家工厂的废水、废气、废热、废物成为另一家工厂的原料和能源，从而大大地突破了环保产业的范围。如钢铁企业可以回收生产过程中的煤气，加大煤气燃用力度，利用煤气发电、加热。

产业链的建设和管理主要从产品—企业—园区这三个层次考虑：首先，园区内的企业是根据产品生命周期分析和环境标志产品要求来开发和生产低能耗、低污染、可循环利用和安全处置的产品；其次，园区内的企业应通过环境管理体系认证，实现清洁生产和污染零排放；第三，园区建设要结合地区经济结构特点和园区发展方向，建立高水平、高起点的管理模式。

如果将循环经济园区的模式再一步放大和联结，则可以在整个社会的范围内形成"资源—产品—再生资源"的循环经济环路。即建成并运行区域或社会的循环经济产业体系。从经济学的角度说，既可以最低程度地减少企业和社会生产、消费的负外部性，也使成本收益达到最为经济的状态。所以循环经济既是一种全新的经济行为模式，也是很"经济"的经济组织模式。

3.5.2　煤炭矿区循环经济产业链的设计

循环经济产业链设计是运用循环经济原理，模仿自然生态系统，对企业内部产生的污染物进行综合利用，实现物质的闭路循环和能量的梯级利用，以增加资源的生态效率，提高环境效益的企业行为。设计循环经济产业链应从技术、经济和环境三方面进行考虑，技术上尽可能采用先进的技术，经济上企业有利可图，环境上避免企业的外部不经济性，提高企业的环境效益。

长期以来，我国一直以粗放型的方式开采利用煤炭资源，不仅浪费资源，而且污染环境，严重制约着企业的发展。为增加煤炭资源的生态效率，解决企业发展和环境污染之间的矛盾，需要运用循环经济的原理，模仿生态系统的物质流和能量流来设计煤炭资源的产业链，尽可能实现物质的闭路循环和能量的多级利用，以提高资源的基本生产率和满足社会的需要。

煤炭产业设计和延长产业链，对煤炭资源进行深加工，增加其附加值，具有明显的经济效益；实现废物的减量化、再利用、资源化，具有明显的环境效益。一个典型的煤炭—焦炭产业链模式，如图 3-2 所示。该模式依托洗精煤，以焦炭作为生态系统中的主要种群，以焦化厂作为产业链中的主要环节，把废物综合利用作为主线，把发电厂作为各个环节能量流动的纽带，形成了焦炭、甲醇、炭黑、化肥等多种产品结构和以电能、热能发展企业的循环经济产业链体系。

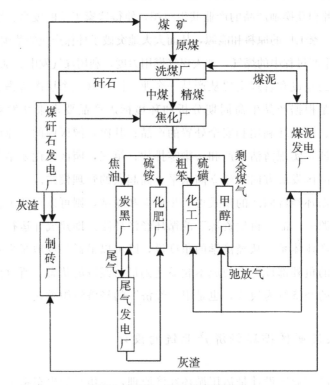

图 3-2 煤炭—焦炭产业链模式

　　另一个典型的煤炭—电产业链模式，如图 3-3 所示。该产业链中能源、物料循环的主链条是：煤炭及洗选过程的中煤、矸石用于蒸汽制备回供煤矿及其他企业生产用能和供暖。产业链中还包括高耗能工业如冶金工业等，实现煤炭、电能、蒸汽等能源就近利用，降低输送损耗，低热值蒸汽和循环水余热可用于温室和鱼塘供暖，实现能源的梯级利用和充分利用。除这一条能源生产、消费的主链条外，有两条主要工业废物循环利用链条：一是煤矿在开采过程的矿井水排放，可用于洗煤，或用于电厂用水，实现循环利用，零排放。另一循环链是采煤和洗煤过程排出的矸石和电厂粉煤灰、炉渣等工业废渣，可生产水泥、矸石砖、新型墙体材料等建材产品，或用于筑路、充填矿坑等用途，实现低排放甚至零排放。

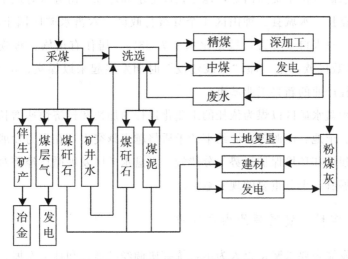

图 3-3　煤炭—电力产业链模式

第4章 六盘水矿区循环经济发展模式

4.1 六盘水矿区发展循环经济的意义

六盘水矿区位于贵州西部，地处长江上游和珠江上游分水岭地带，包括六枝特区、盘县、水城县、钟山区4个县级行政区。六盘水矿区国土面积9914平方公里，总人口303万，城镇化水平为33%，居住有苗族、彝族、布依族等38个少数民族，是一座"三线建设"时期发展起来以煤炭、电力、冶金、建材为支柱产业的新兴工业城市。

随着六盘水矿区以煤为依托的工业化进程的加快和经济快速增长，六盘水矿区的水、土地、能源等资源约束的矛盾将越来越突出，在大力发展经济的同时，生态建设和环境保护形势十分严峻。六盘水矿区发展循环经济对社会经济可持续发展有着十分重要的现实意义。

1. 落实科学发展观的内在要求

科学发展观要求坚持以人为本，统筹协调经济增长和社会发展，保护自然资源和生态环境，实现社会可持续发展。发展循环经济要求在发展思路上彻底改变重开发、轻节约，重速度、轻效益，重外延发展、轻内涵发展，片面追求GDP增长、忽视资源和环境的倾向。发展循环经济就是落实集约增长和清洁生产的理念，优化资源配置，提高资源运行效率，节约资源，降低消耗，减少环境污染，实现人与自然的和谐发展。六盘水矿区发展循环经济是落实科学发展观的有效载体，能够有效防止对自然资源的无限索取和对自然环境的无节制破坏，是遵循自然规律和生产力发展规律的明智之举，是贯彻落实以人为本、全面协调可持续的科学发展观的内在要求。

2. 建设节约型社会的重要手段

建设节约型社会，从根本上说就是要着力构建节约型的经济增长方式和消费方式，积极走新型工业化道路，采取综合措施，通过资源高效利用，实现从"高开采、低利用、高排放"的单向直线式发展过程向"低开采、高利用、低排放"的反馈循环式发展过程转变，从而使六盘水矿区从传统经济发展模式向循环经济发展模式转变。

循环经济模式采用减量化方式，减少资源消耗；采用循环利用和多次利用的方式使用资源和产品，实现物质资源的循环使用；采用资源化方式处理废弃物，将废弃物变为再生资源。循环经济模式使所有的物质和能源在不断进行的经济循环中得到合理和持久的利用，从而提高资源利用率，节约使用资源，缓解资源短缺，减少单位产出的资源和能源消耗，减轻环境污染，逐步形成低投入、低消耗、低排放、高效率的经济增长方式。发展循环经济提倡节约能源、节约用水、节约和集约利用土地、节约原材料，提倡资源的综合利用，着力构建资源节约型的生产模式、消费模式和经济增长模式。发展循环经济是六盘水矿区建设资源节约型社会的重要手段。

3. 转变经济增长方式的重要举措

基于资源禀赋、区位条件和现有的工业基础，六盘水矿区无论从自身发展需要还是服务于区域经济发展，都要求大力发展能源、原材料产业，必定会大量增加资源和能源的消耗。如果继续沿袭原来的以牺牲资源与环境为代价的"高投入、高消耗、低产出"的传统粗放型发展模式，不转变经济增长方式，其资源将难以支持六盘水矿区经济的可持续发展，环境将难以承受传统粗放型的高增长。因此，转变经济增长模式就成为六盘水矿区社会经济发展的必然选择。循环经济的实质是以尽可能少的资源消耗、尽可能小的环境代价实现最大的经济和社会效益，发展循环经济为六盘水矿区工业布局的合理优化和产业结构的战略调整提供新的契机，有利于优化各种生产要素的投入比例和投入方式，提高资源和能源的利用效率，突破多年来的资源依赖型的粗放式的经济增长方式。六盘水矿区发展循环经济能够实现从"高投入、高消耗、高污染、低效益"的经济增长方式向"低投入、低消耗、低污染、高效益"的经济增长方式的根本性转变，摆脱"资源的诅咒"，实现经济发展与环境保护的双赢。以现有资源优势为依托，发展与资源相关的高端产业和产品，提高其经济附加值，走高端化发展道路，构建循环型产业体系，实现循环发展。因此，发展循环经济是六盘水矿区转变经济增长方式的重要举措。

4. 实现社会经济又好又快发展的最佳选择

经过三十多年的发展，六盘水矿区社会经济获得了较快的发展。"十一五"以来，GDP增长年均增长达到15%，但是，粗放式的高速经济增长也带来了一些制约经济社会又好又快发展的问题。如果继续沿袭原有的初级产品生产和开发的资源密集型的经济发展模式，随着自然资源粗放开发的快速膨胀，六盘水矿区的经济发展将不可避免地受到资源和环境的制约。为了实现社会经济的又好又快发展，必须找到一条可行的发展道路，在促进经济增长的同时，实现生态环境保护和资源可持续供给，循环经济就是这样一种发展模式。循环经济是一个开放式的大系统，通过企业间的小循环、产业之间的循环，园区内的中循环，进而实现六盘水矿区整个社会的循环发展，使资源、社会、环境协调发展，用较少的能源、资源支撑经济社会的快速发展，发展循环经济是唯一的选择。只有发展循环经济，六盘水矿区的工业化才能走得更长、走得更远，实现社会经济的又好又快发展。

5. 打造区域核心竞争力的最佳途径

一个城市的区域核心竞争力并非指该城市所拥有的资源和禀赋，而是与该城市的产业集群的发展状况有关，区域竞争力之关键往往由具有有机连接的产业集群优势所支撑。尽管通过辐射西南地区，六盘水矿区的社会经济得到了较快的发展，已经成为中国西部重要的能源、原材料基地，但是，由于六盘水矿区的经济发展主要依赖于煤炭资源的初级加工生产，各个产业之间缺乏有机联系，没有形成有机的产业集群优势，也就还没有在区域经济中形成真正的持久核心竞争力。如何打造区域核心竞争力，是六盘水矿区社会经济发展的面临的重要课题。

六盘水矿区需要通过发展循环经济，以煤炭资源为基础，延长加工生产链条，促进产业结构和产品结构的合理调整和优化布局，构建循环经济产业链体系，通过产业间的有机链接，形成产业集群，实行集约经营。发展循环经济，建立循环型产业集群，不仅有助于解决集群间的资源、环境问题，促进产业集群生态系统的建立，而且有利于加强集群自组织能力、构筑成本优势、提高产业集群的网络组织化程度和创新能力。总之，通过发展循环经济，以煤为依托，形成独特的循环连接的产业集群优势，是六盘水矿区提升其区域核心竞争力的最佳途径。

6. 保护生态环境的有效模式

六盘水矿区矿产资源十分丰富，煤炭资源最为富集，水和水能资源丰富，"凉都"气候资源得天独厚，旅游资源非常丰富。尽管六盘水矿区的工业发展是以能源、资源性产业的初级开发和加工为主的粗放型发展模式。但是，总体来看，六盘水矿区在资源开发方面尚处于起步阶段，在工业发展方面尚处于起始阶段，制定循环经济发展规划，将循环经济的理念贯穿于未来的产业发展、资源开发之中，体现在城市建设、社会经济管理的各个方面，着力构建循环经济产业体系，减少废弃物的排放，有效地利用废弃物，实现废弃物的资源化利用，减少对环境的损害，甚至是不损害环境，能够有效避免"先污染、后治理"的传统增长方式，在开发中保护，在保护中开发，进而实现资源的可持续利用。发展循环经济是保护六盘水矿区生态环境的有效模式。

4.2　六盘水矿区循环经济规划总体设计

六盘水矿区依煤而兴，随着煤炭的开发带动了全矿区工业化的蓬勃兴起，国民经济迅速增长，固定资产规模不断扩大，城市功能逐步完备，工业化程度不断提高，综合实力明显增强。但是，面对日趋增强的环境压力和资源约束，传统的"资源—产品—废物排放"单向流动的线性发展模式已不能适应社会经济发展的需要，经济转型刻不容缓，倡导一种与环境和谐发展的循环经济发展模式是六盘水矿区的最佳选择。

4.2.1　循环经济发展模式选择

发展循环经济前期需要投入巨额资金，在现有的技术经济条件下还无法在较大范围内扭转线性技术范式，同时物质和能量在循环过程中存在着供需半径的约束。可是，发展循环经济要追求经济效益、环境效益和社会效益的有机统一。在选择循环经济的发展模式时应重点考虑自然资源和其他生产要素禀赋，经济发展约束差异、经济发展阶段和水平、产业基础、现有的循环经济发展基础、区位条件等因素。对于资源富集城市而言，在选择循环经济发展模式时，主要考虑其所处于的发展阶段。资源富集城市一般要经历开发期（发展初期）、上升（成长）期、成熟期、衰退期、转型期。如果提前考虑资源富集城市的转型，可以避免衰退期的出现。因此，资源富集城市的发展阶段可以分为开发期（发展初期）、上升（成长）期、成熟期和转型期，据此，可以将资源富集城市划分为新建型城市、发展型城市、成熟型城市、转型城市。六盘水矿区目前属于发展型城市，社会经济真正处于上升（成长）期，因此，六盘水矿区发展循环经济应该以现有的产业和工业集中区为基础，对现有的产业进行生态化改造，对现有的工业集中区用循环经济的理念进行规划，将其升级改造为循环经济园区。

资源城市的不同发展阶段，其客观条件和经济基础是不同的，产业发展状态也有所差异，因此，循环经济的发展路径也有所不同。六盘水矿区企业层面的循环经济具备一定的基础，但是产业之间的链接非常脆弱，循环发展还十分薄弱。六盘水矿区发展循环经济的实践需要以循环企业为基础，以发展生态产业为重点，实现企业循环生产，实施产业循环组合，构建工业生态链，形成循环经济园区，进而上升为循环经济形态，建设循环经济城市，使六盘水矿区的企业内部与企业之间、产业内部与产业之间实现物质、能量、信息的有机集成，最终使整个城市经济系统最大限度地高效循环利用资源，降低污染排放负荷，从而推动六盘水矿区经济、社会、环境的可持续、全面协调发展，获得最大的可持续发展效益。

根据六盘水矿区经济发展阶段，其循环经济发展模式应该为："集群化、大型化、园区化、高端化"。即以工业产业循环经济为主，考虑各工业产业之间的关系，将相关产业在一定范围内集成，形成集群；在各产业产品发展过程中，提高其产品产量，形成规模经济效益，降低产品成本，使各产业及产品向大型化发展；以循环经济园区为载体，工业项目向各个园区聚集，使园区内的产业及产品耦合共生，形成循环产业体系；在产品规划及产品选择上，突出其经济附加值，加粗拉长产业链条，向高端产品发展。

4.2.2 指导思想和基本原则

1. 指导思想

以科学发展观为指导，以循环经济理论和技术为支撑，以西部大开发和建设国家循环经济试点城市为契机，以煤炭等矿产资源为依托，以煤炭、电力、煤化工、冶金、建材为产业发展重点，以循环经济园区建设为载体，加快推进传统产业的循环化发展，走资源消耗低、环境污染少、发展可持续的道路。立足煤炭及水资源的优势，建设以煤及煤化工为主，多元产业共生的中国西南区域重要能源、原材料、煤化工基地，实现经济增长方式的根本性转变，将六盘水矿区打造成全国循环经济、生态宜居城市。

2. 基本原则

（1）3R 原则

即循环经济的"减量化、再利用、资源化"原则。

（2）前瞻性原则

采用国内外先进的技术，借鉴国内外循环经济和生态工业发展的有益经验，保证规划的先进性。

（3）科技先导原则

坚持依靠科技进步，促进循环经济和知识经济的紧密结合，以技术改造和技术创新为重点，引进和推广循环经济新技术、新工艺、新设备，加快对现有产业和工业集中区的循环经济技术升级改造。

（4）三个效益有机统一原则

以最小的资源消耗换取最大的经济价值，根据六盘水矿区的资源承载能力和环境容量，安排经济发展速度，根据能源保障、运输和加工能力等安排资源开发规模，以循环经济发展支撑循环型社会发展，实现经济效益、社会效益、生态效益"共赢"发展。

（5）体现特色原则

注重六盘水矿区的资源（尤其是煤炭资源和水资源组合优势）特色、区位条件和产业结构特征，通过科学合理规划，构建具有资源富集型城市特色的循环经济发展模式，在全国资源富集型城市发展循环经济起到良好的示范带动作用。

（6）突出重点原则

以企业、产业和园区为重点，通过筛选一批循环经济发展基础较好，且资源消耗比较大的重点行业、重点企业、重点项目，进行循环经济试点建设，重点突破，以点带面，推动六盘水循环经济的发展，带动六盘水矿区的经济、生态环境建设。

（7）适用性原则

根据六盘水矿区企业技术水平现状、产业发展现状和社会经济发展水平，以企业为重点，以循环经济园区为载体，工业项目向各个园区聚集，着力推进循环经济重点项目建设。

（8）可操作性原则

突出规划目标的可行性和规划内容的可实施性，提出有针对性和可操作性的建议，为六盘水矿区发展循环经济提供决策依据。

（9）生态环境协调原则

以切实保护山体、保护植被、保护水源、保护生态环境为前提，实现在保护中开发，在开发中保护，维护"中国凉州"的生态环境。

4.2.3 循环经济总体模式

1. 总体思路

根据"集群化、大型化、园区化和高端化"发展模式，以培育、壮大煤炭、电力、煤化工、冶金、建材和煤机制造六大产业，建设七个循环经济园区为重点，加粗拉长产业链条，加大项目规模，实现资源、中间产品或副产品在产业链内、产业链间循环利用和梯级利用，形成六大产业的生态化协调发展和整体竞争优势。以"资源条件—市场需求—产业规模—重点项目—重要园区"为规划路线，通过政府引导、市场主导、企业主体、全社会参与的有效机制，打造"一市多园"的国家循环经济示范城市。

2. 循环经济总体模式

六盘水矿区发展循环经济主要是构建工业循环经济体系。六盘水矿区工业循环经济主要以煤为核心，形成工业生态产业链。在工业循环经济体系中实现三个层面的循环，第一层面是企业内部的循环；第二层面是上游产业与下游产业的循环；第三层面是在循环经济园区各产业之间的循环。通过三个层面的循环，延长产业链，进行物质的耦合共生，实现内部副产品和废弃物的资源化利用，提升资源综合利用率，减少废弃物的排放，实现六盘水矿区工业发展与环境保护的协调。各个产业的循环发展有利于促进产业结构调整和产品技术升级，有利于形成全矿区工业的整体竞争优势。六盘水矿区工业循环经济总体模式如图4-1所示。

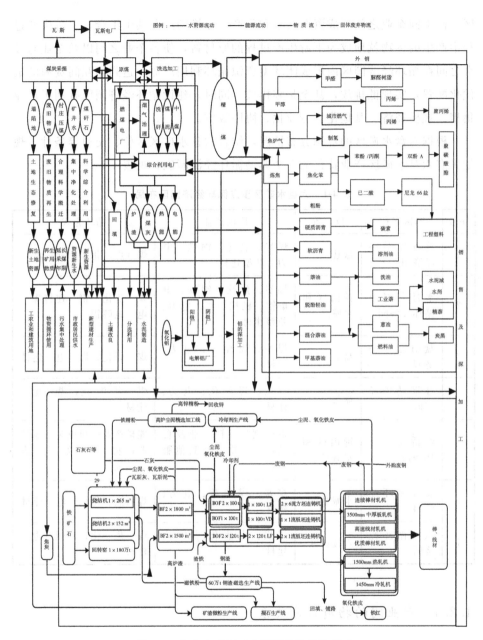

图 4-1 六盘水矿区工业循环经济总体模式

3. 典型循环经济园区

典型循环经济园区是六盘水矿区发展循环经济的载体,也是进行循环经济建设的核心。要将六盘水矿区的循环经济落到实处,必须通过创建循环经济园区，使不同企业之间形成资源共享和副产品互换的产业共生组合，上游生产过程中产生的废物就地成为下游生产过程的原材料，使各企业之间以及企业与社会之间在循环经济园区内形成闭环型资源循环利用产业，达到相互间资源的最优化配置，实现低排放，甚至是零排放。同时，建设循环经济园区有利于产业集聚、规模经济、基地化、专业化、协同效应。

根据六盘水矿区的资源分布情况，结合六盘水矿区区位、交通等条件，规划具有六盘水矿区产业特色的 7 个典型循环经济园区，见表 4-1。

表 4-1　六盘水矿区重点循环经济园区布局

序号	园区名称	位　置	区内产业	循环方式
1	鸡场坪循环经济园	盘县	煤炭、焦化、钢铁、电力、新型建材	煤（焦、化）—钢—电
2	水月老鹰山循环经济园	钟山区和水城县	煤炭、焦化、钢铁、电解铝、机械加工、电力、新型建材	煤—焦化—钢—建材煤—电—电解铝
3	盘南循环经济园	盘县	煤炭、煤化工、电力、建材	煤—煤化；煤—电—建材
4	红果循环经济园	盘县	煤炭、煤焦化、电力、建材	煤—煤焦化；煤—电—建材
5	红桥新区循环经济园	钟山区和水城县	机械制造、轻工业及食品加工、物流及其他服务业	能矿产业—机电装备制造业；农—林—牧—药—农产品加工
6	发耳循环经济园	水城县	煤炭、煤焦化、电力、建材	煤（焦、化）—电—建材
7	六枝循环经济园	六枝特区	煤炭、煤焦化、电力、建材	煤—焦—化；煤—电—建材

4.2.4　产业间的物质代谢关系

根据规划的六大循环型工业产业规划与工业项目间物质流的供需关系，构建工业生态链网络，从而最大限度地利用资源，减少废弃物的排放，实现环境影响最小化。到"十二五"末，六大工业产业间的物质循环代谢关系如图 4-2 所示。

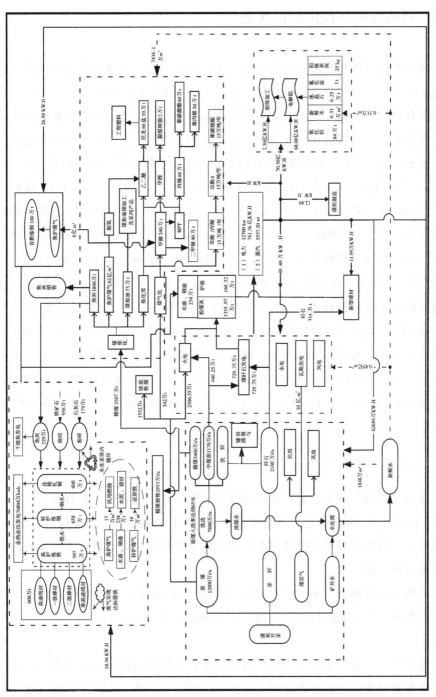

图 4-2 "十二五" 末六大工业产业间的物质循环代谢关系示意图

4.3 鸡场坪循环经济园区规划

规划思想：依托首黔公司的盘县一体化循环经济工业基地建设，结合周边的煤矿和电厂，共同打造"煤（焦、化）—钢—电"的区域循环经济园区，强化煤炭和钢铁两大循环经济产业间的共生耦合关系，促进园区内产业的规模化和高效化发展，使园区在实现规模效益快速增长的同时兼顾环境的协调发展。

规划目标："十二五"期间园区内钢铁产业实现机械加工优特钢材达 100 万 t/a，煤炭生产 1560 万 t/a，煤炭洗选 1014 万 t/a，焦炭 600 万 t/a，煤焦油加工 30 万 t/a，粗苯加工 7.98 万 t/a，煤与煤矸石发电 240 万 kW 装机，钢厂余热发电 25601 万 kWh/a，干熄焦发电 335.01×10^8 万 kWh/a，钢渣磁选加工 30 万 t/a，新型墙体砖 1 亿块/a，石膏板 1200 万 m^2/a，石膏粉 10 万 t/a，烧结陶粒 30 万 m^3/a，磁性复合肥 30 万 t/a；"十三五"期间园区内钢铁产业实现机械加工优特钢材达 200 万 t/a，煤炭生产 1560 万 t/a，煤炭洗选 1092 万 t/a，焦炭 800 万 t/a，煤焦油加工 40 万 t/a，粗苯加工 10.6 万 t/a，煤矸石与劣质煤发电 240 万 kW 装机不变，钢厂余热发电 51202 万 kWh/a，干熄焦发电 446.68×10^8 万 kWh/a，钢渣磁选加工 60 万 t/a，新型墙体砖 12000 万块/a，石膏板 2400 万 m^2/a，石膏粉 20 万 t/a，烧结陶粒 60 万 m^3/a，磁性复合肥 60 万 t/a。

1. 园区位置及产业现状

该园区以鸡场坪为中心，包含柏果镇、松河乡、普古乡、滑石乡，园区面积 80 平方公里。园区内包含首黔钢铁集团、黔桂天能焦化、盘北煤矸石电厂、松河煤矿、盘东北煤矿茨嘎井田和盘东北纳木羊场乡井田，拥有贯穿南北的铁路线和省级公路。

区内有河流两条，有水库 7 座，分别是大营水库、青竹水库、鱼洞坝水库、白龙洞水库、龙潭口水库、鸭鸭水库和西德泥水库，面积 1187 平方公里左右。

截至"十一五"末，区内产业现状如下：首黔公司作为园区内唯一一家钢铁企业在建设中，区内有各种经济类型的炼焦厂 24 处，除淤泥盘鑫焦化厂生产能力 80 万 t/a、柏果天能焦化厂生产能力 70 万 t/a 之外，其余的能力均在

60 万 t/a 以下，且多为无证或已注销，应属落后的生产能力予以关闭，所以区内焦炭的总生产能力为 150 万 t/a；有六处生产矿井历经多年扩建和技术改造后，矿井设计生产总能力达到了 1170 万 t/a，其中：火铺矿 280 万 t/a；老屋基矿 130 万 t/a；山脚树矿 150 万 t/a；月亮田矿为 130 万 t/a；土城矿 300 万 t/a；金佳矿 180 万 t/a。区内有大大小小选煤厂 40 余座，其中国有重点煤矿选煤厂 6 座，核定生产能力合计 1605 万 t/a，地方乡镇煤矿选煤厂近 40 座，洗选加工能力 1440 万/a，整合后，保留能力大于 30 万 t/a 规模的选煤厂 24 座，总设计能力 1330 万 t/a。黔桂电厂（原盘县发电厂）总装机容量为 100 万 kW，由于推进"上大压小"工程改建项目，2009 年 12 月 31 日关停了 2×200MW 发电机组，现发电能力为 60 万 kW。黔桂公司控股三合水泥有限责任公司位于贵州省六盘水矿区盘县刘官镇，是区内最大的水泥生产企业，产能 120 万 t/a。

2. 园区内产业规划

园区内主要有以首黔钢铁公司为首的贵州省内最大优特钢生产企业，以盘江煤电矿业集团为首的六盘水矿区大型煤炭生产企业和黔桂天能焦化，所以煤炭产业、钢铁产业和煤焦化工产业构成了该园区的三大主要产业，其他发电、建材等产业将按照园区的循环经济发展要求进行规划和布局。在近远期规划，园区内的产业布局及产能状况如下：

（1）钢铁产业

首黔集团作为六盘水矿区最大的优特钢铁生产企业，根据六盘水矿区钢铁产业在"十二五"期间和"十三五"期间的总体规划，首黔公司产品主要为机械加工使用，"十二五"期间实现不锈钢和特殊钢 100 万 t/a，钢渣磁选加工 30 万 t/a，钢厂余热发电 25601 万 kWh/a；"十三五"期间实现不锈钢和特殊钢 200 万 t/a，钢渣磁选加工 60 万 t/a，钢厂余热发电 51202 万 kWh/a。

（2）煤炭产业

根据国家煤炭产业政策，园区内煤矿在"十二五"期间和"十三五"期间通过技改整合后，将以盘江煤电集团为主。园区内外周边地区，规划"十二五"通过技改和新建矿井使产能达到 1560 万 t/a，通过新建和扩大原有洗煤厂能力使煤炭洗选达到 1014 万 t/a；"十三五"维持产能 1560 万 t/a，通过新建和扩大原有洗煤厂能力使煤炭洗选达到 1092 万 t/a。

（3）煤焦化产业

园区内根据钢铁产能发展规模，焦化企业的产能将在原有150万t/a的基础上进行扩大或新建，由于该产能规划除考虑近距离的解决园区内自身需求外，还将兼顾周边煤矿对炼焦煤的供应量，所以规划园区内焦炭产能在"十二五"达到600万t/a。根据焦炭产能，将对产生的焦炉煤气和煤焦油进行利用，相关煤焦化企业及产能规划为"十二五"焦油加工30万t/a，粗（轻）苯加工7.98万t/a，干熄焦发电335.01×108万kWh/a。远期规划"十三五"焦炭达到800万t/a，焦油加工40万t/a，粗（轻）苯加工10.6万t/a，干熄焦发电446.68×10^8万kWh/a。

（4）电力产业

根据园区内的煤炭产业发展，"十二五"规划燃煤和煤矸石电厂达到240万kW/年（含盘县电厂2×60万kW/年），瓦斯电厂达到5万kW/年；"十三五"规划燃煤和煤矸石电厂维持240万kW/年，瓦斯电厂达到10万kW/年。

（5）新型建材产业

根据规划期内园区的煤矸石、脱硫石膏、粉煤灰和其他固废的产生量来规划布局新型建材产业。"十二五"规划新型墙体砖1亿块/a，石膏板1200万m^2/a，石膏粉10万t/a，烧结陶粒30万m^3/a，磁性复合肥30万t/a；"十三五"规划新型墙体砖1.2亿块/a，石膏板2400万m^2/a，石膏粉20万t/a，烧结陶粒60万m^3/a，磁性复合肥60万t/a。

根据各项产业规划，园区内各个产业的重点项目布局及分布见表4-2和表4-3。

表4-2 "十二五"期间园区内各产业重点项目列表

产业名称	项目名称	规　模	地　点
钢　铁			
	首黔集团	100万t/年	鸡场坪
煤炭开采		1560万t/年	
	茨嘎煤矿	120万t/年	羊场、淤泥
	纳木煤矿	300万t/年	鸡场坪
	白块煤矿	60万t/年	旧　营
	大河煤矿	60万t/年	淤泥乡

续　表

产业名称	项目名称	规　模	地　点
	其他现有煤矿	765 万 t/年	
煤炭洗选		1014 万 t/年	
	纳木煤矿配套洗选	300 万 t/年	鸡场坪
	旧营洗煤厂	120 万 t/年	盘县旧营乡
	松河煤业洗煤厂	240 万 t/年	盘县松河乡
	其他现有小型选煤厂	354 万 t/年	
煤化工		600 万 t/年	
	天能煤焦化	200 万 t/年	柏　果
	首黔焦化厂	400 万 t/年	鸡场坪
电　力		240 万千瓦	
	盘北煤矸石电厂	4×30 万千瓦	鸡场坪
	盘县电厂	2×60 万千瓦	柏　果
建　材			
	新型墙体材料	1 亿块/年	柏　果
	石膏板	1200 万 m²/年	柏　果
	石膏粉	10 万 t/年	柏　果
	粉煤灰烧结陶粒	30 万 m³/年	盘县洒基
	粉煤灰磁性复合肥	30 万 t/年	盘县坪地

表 4-3　"十三五"期间园区内各产业重点项目列表

产业名称	项目名称	规　模	地　点
钢　铁			
	首黔钢铁集团	200 万 t/年	鸡场坪
煤炭开采			
	煤炭采掘	1560 万 t/年	

续　表

产业名称	项目名称	规　模	地　点
煤炭洗选			
	配套选煤厂	1092 万 t/年	鸡场坪园区
煤化工			
	煤焦化	800 万 t/年	鸡场坪园区
建　材			
	新型建材	12000 万块标砖/年	鸡场坪园区
	脱硫石膏板材厂	石膏板材 2000 万 m^2/年	鸡场坪园区
	石膏粉厂	20 万 t/年	鸡场坪园区
	石膏板	1200 万 m^2/年	柏　果

3. 园区循环经济规划

按照循环经济理论，首先园区内各产业相关的企业将根据自身实际情况通过提高资源利用率来实现减量化，通过回收利用来实现本身的小循环。其次园区内各产业通过物质代谢关系平衡分析来合理布局和规划，最终实现产业间的物质和能量耦合，达到各产业间的协调一致，构成园区内部的大循环。园区循环经济模式如图 4-3 所示，"十二五"鸡场坪园区循环经济产业链规划如图 4-4所示，"十三五"鸡场坪园区循环经济产业链规划如图 4-5 所示。

（1）煤—焦化—钢—建材循环

园区内钢铁产业主要以首黔集团为主，在利用区域内煤炭资源优势规划在"十二五"期间钢材产量将达到 100 万 t/a，主要用于机械加工用钢，区内用焦炭 600 万 t/a。根据钢材规划产量可以利用其余热余压发电达到 25601 万kWh/a；生产过程中将产生钢渣 30 万 t/a，通过构建一条 30 万 t/a 的钢渣磁选生产线进行处理，分选后重新回炉或作水泥掺合料；产生的 13.2 亿 m^3 焦炉煤气将主要供用于炼钢生产使用和发电厂发电。在中远期"十三五"首黔集团钢材产量将达到 200 万 t/a，根据此规划产量可以利用其余热余压发电达到51202 万 kWh/a；生产过程中将产生钢渣 60 万 t/a，增建一条 30 万 t/a 的钢渣磁选生产线进行处理，分选后重新回炉或作水泥掺合料，产生的 17.6 亿 m^3焦炉煤气将主要供用于炼钢生产使用和发电厂发电。

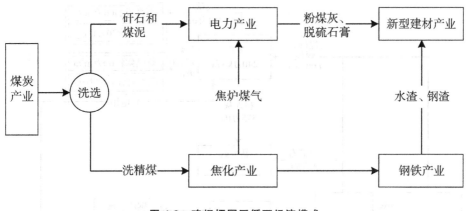

图 4-3　鸡场坪园区循环经济模式

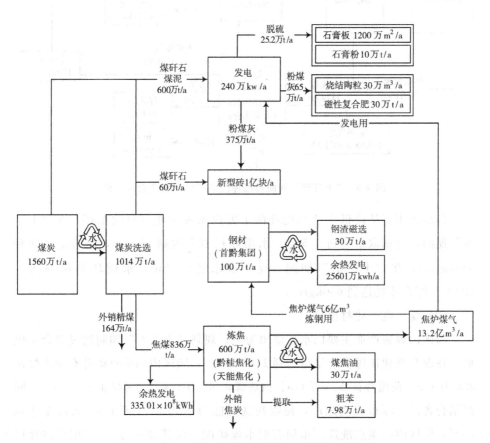

图 4-4　"十二五"鸡场坪园区循环经济产业链规划

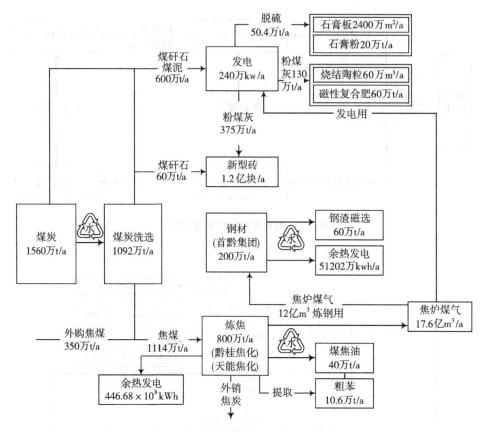

图 4-5 "十三五"期间鸡场坪园区循环经济产业链规划

首黔集团将从降低水耗和能耗两个方面实现企业自身的循环,在"十二五"期间,吨钢取水达到 4.5m³,水循环利用率达到 97.4%,综合能耗达到 664kgce/t;在"十三五"期间,吨钢取水达到 3m³,水循环利用率达到 100%,综合能耗达到 650kgce/t。

(2) 煤—电—建材循环

园区内煤炭产业主要以水矿集团为主,规划"十二五"期间通过整合小煤矿、技改与新建使煤炭产量将达到 1560 万 t/a,园区内的重点矿井有纳木煤矿 300 万 t/a、茨嘎煤矿 120 万 t/a、白块煤矿 60 万 t/a、大河煤矿 60 万 t/a。同时结合各矿实际布置洗选厂,使煤炭洗选能力达到 1014 万 t/a,入洗率达到 65%,园区内的重点洗选厂布局有纳木煤矿配套洗选 300 万 t/a、旧营洗煤厂 120 万 t/a、松河煤业洗煤厂 240 万 t/a。煤炭洗选产生煤矸石和劣质煤 600 万 t/a,该部分将用于区内的矸石电厂发电,"十二五"末规划发电能力达到 240

万 kW 装机，重点项目有盘县电厂 2×60 万 kW/a。发电产生的粉煤灰量在"十二五"期末将达到 528 万 t/a，粉煤灰、煤矸石制砖和回填，重点企业有柏果的新型墙体材料企业 1 亿块标准砖/a，烧结陶粒 30 万 m³/a。园区内电厂脱硫 25.2 万 t/a 将通过石膏板厂 1200 万 m²/a 和石膏粉厂 10 万 t/a 进行消纳。在"十三五"期间煤炭产量维持 1560 万 t/a，煤炭入洗达到 1092 万 t/a，入洗率达到 70%；煤矸石发电能力维持 240 万 kW 装机；粉煤灰水泥维持 250 万 t/a；新型墙体材料达到 1.2 亿块标准砖/a，烧结陶粒 60 万 m³/a，脱硫石膏板 2400 万 m²/a，粉刷用脱硫石膏 20 万 t/a。

4. 园区基础设施保障规划

根据园区内各个产业的近期和远期发展规划，相应的需要土地、水、电网和公路交通等基础保障进行配套规划。

（1）土地规划

根据园区内产业近远期规划，"十二五"期末钢铁产业需要新增建设用地 6945 亩，煤炭及洗选产业需要新增建设用地 600 亩，焦化产业需要新增建设用地 500 亩，煤化工产业需要新增建设用地 1500 亩，机械加工与制造需用新增建设用地 400 亩，新型建材需要新增建设用地 600 亩。"十三五"期末钢铁产业需要新增建设用地 3195 亩，煤炭及洗选产业需要新增建设用地 700 亩，焦化产业需要新增建设用地 560 亩，煤化工产业需要新增建设用地 1400 亩，机械加工与制造需用新增建设用地 600 亩，新型建材需要新增建设用地 500 亩。

（2）水资源规划

园区内外现有水库共 2 座，蓄水量 4000 万 m³，只能够保障现有居民生活和部分工业企业用水，根据近远期的园区内产业规划，现有水库无法满足需要。"十二五"和"十三五"水库供水工程规划如下：在盘县盘江镇建设卡河水库水利工程（中型水库），在盘县鸡场坪建设鱼洞坝水利工程（中型水库），在盘县刘官镇建设朱昌河水库（中型水库），在盘县羊场乡建设付家小河水库（中型水库）。

（3）交通规划

根据近远期园区内的各个产业规划发展情况，需要构建连接各煤矿的乡村公路，和高等级公路，包括部分铁路支线工程。由于交通规划建设的周期长，所以近远期的道路交通规划如下：农村公路 1000 公里；运煤公路 200 公里；英武至大山二级公路新建 87 公里（含支线）。

5. 园区效益分析

园区内各产业按照循环经济共生耦合关系进行平衡分析规划后，各个主要产业在规划期末的投资与产值情况和园区的环境效益情况具体见表 4-4 和表 4-5。

表 4-4　园区主要规划产业的经济效益预测

规划项目	2015 年年末产能（万 t/a）	投资（亿元）	产值（亿元/a）
"十二五"规划期末			
钢铁产业	100	127.695	38.3
煤炭产业	1560	17	21.06
煤炭洗选	1014	1.5	1.9
焦及化工产业		39.4	80.9
建材产业		4.2	2.2
电力产业		72	44.75
合　计		261.795	189.11
"十三五"规划期末			
规划项目	2020 年年末产能（万 t/a）	新增投资（亿元）	新增产值（亿元/a）
钢铁产业	200	57.305	76.617
煤炭洗选	1092	15.8	11.4
焦化产业	800	29.2	29.2
建材产业		2.5	4.755
合　计		104.805	121.972

表 4-5　园区产业规划实施后的环境效益预测

固废名称	"十二五"期末			"十三五"期末		
	产生量（万 t）	利用量（万 t）	利用率（%）	产生量（万 t）	利用量（万 t）	利用率（%）
粉煤灰	528	528	100.00	528	528	100.00
矸　石	281	281	100.00	281	281	100.00
脱硫石膏	30.24	30.24	100.00	30.24	30.24	100.00
钢　渣	30	30	100.00	60	60	100.00
工业废水	886000	860000	97.07	1772000	1770000	99.89

根据园区产业规划实施后的环境效益指标预测，鸡场坪园区达到了循环经济园区的要求。

4.4 水月老鹰山循环经济园区规划

规划思想：依托水钢集团的钢铁产业循环经济建设、老鹰山地区的煤化工产业循环经济建设和电解铝产业，共同打造"煤—焦化—钢—建材"和"煤—电—电解铝"的区域循环经济园区，强化煤炭、钢铁、电力和电解铝等产业间的共生耦合关系，促进园区内产业的规模化和高效化发展，使园区在实现规模效益快速增长的同时兼顾环境的协调发展。

规划目标："十二五"期间园区内钢铁产业实现建筑用精品棒线钢材达600 万 t/a，煤炭 483 万 t/a，焦炭 350 万 t/a，甲醇 60 万 t/a（含煤基气化和焦炉煤气制甲醇），二甲醚 40 万 t/a，煤焦油加工 30 万 t/a，粗苯制造 6.65 万 t/a，中温沥青 16.2 万 t/a，改质沥青 10 万 t/a，针状焦 5 万 t/a，预焙阳极 10 万 t/a，新型干法水泥 300 万 t/a，陶粒制造 20 万 m³/a，机械装备制造业产值 5.96 亿元/年，煤矸石电厂达到 73.2 万 kW/年，瓦斯电厂达到 5 万 kW/年，新型墙体材料达到 7.5 亿块标准砖/a，脱硫石膏板 922 万 m²/a，钢渣磁选 60 万 t/a，矿渣微粉 70 万 t/a，电解铝产业规模达到 50 万 t/a；"十三五"期间园区内钢铁产业实现建筑用精品棒线钢材达 1000 万 t/a，煤炭 633 万 t/a，焦炭维持原有 350 万 t/a，煤基气化与焦炉煤气化工均维持原有产能不变，新型干法水泥 470 万 t/a，陶粒制造 50 万 m³/a，机械装备制造业产值 12 亿元/年，煤矸石电厂达到 133.2 万 kW/年，瓦斯电厂达到 10 万 kW/年，新型墙体材料达到 8 亿块标准砖/a，脱硫石膏板 1678 万 m²/a，钢渣磁选 120 万 t/a，矿渣微粉 120 万 t/a，电解铝产业维持产能 50 万 t/a 并进行产品深加工。

1. 园区位置及产业现状

该园区位于钟山区和水城县管辖范围内，北至河泡木梁子、豺狗山、公鸡山、马路大山和落水洞一线，东至 S307 公路，南至南环路，西至喳口岩，园区面积 72 平方公里，主要包含老鹰山镇、月照乡、钟山区和董地乡部分。园区内包含水城矿业集团、水钢集团、月照乡机场和老鹰山煤化工基地，拥有贯穿东西的铁路线和省级公路，南北方向有 S212 和 S307 两条省级公路穿过。

区内有河流 3 条，附近有彭家桥水库、双桥水库和中坡水库，面积 89 平方公里左右，包含了钟山区的月照乡和水城县的老鹰山镇。

截至"十一五"末，区内产业现状如下：水城矿业集团有生产矿井 10 对，生产能力 1166 万 t/年；洗煤厂 4 座，入洗能力 580 万 t/年；水矿集团博力机电设备制造有限责任公司（原水城矿业集团有限责任公司机械制造分公司）为贵州省煤机制造行业骨干企业，产能 1.5 亿 t/年，能生产制造和修理综采液压支架、强力带式输送机、大型刮板输送机等煤矿重型成套设备；发电厂总装机容量 3.8 万 kW（矸石发电厂 1 座，装机容量 1.2 万 kW；瓦斯发电站 7 处，装机容量 2.6 万 kW）；首钢水钢公司 2009 年全年完成生铁 295.05 万 t、钢 319.03 万 t、钢材 303.25 万 t，有 6 座焦化厂，焦炭年生产能力达 290 万 t/年（水矿集团 1 座 105 万 t/年，首钢水钢公司 4 座年能共计 140 万 t/年，旗晟焦化 45 万 t/年）；水泥厂有拉法基水泥 200 万 t/年和水钢水泥 80 万 t/年；恒远新型建材 65 万 m³/年新型墙体砖。

2. 园区内产业规划

园区内主要有以水钢为首的贵州省内最大钢铁企业，以水城矿业集团为首的六盘水矿区大型煤炭生产企业和规划建成的老鹰山煤化工企业，所以煤炭产业、钢铁产业和煤化工产业构成了该园区的三大主要产业，其他发电、建材、机械加工等产业将按照园区的循环经济发展要求进行规划和布局。在近远期规划，园区内的产业布局及产能状况如下：

（1）钢铁产业

水钢集团作为循环经济园区中唯一一家而且是六盘水矿区最大的钢铁企业，根据六盘水矿区钢铁产业在"十二五"期间和"十三五"期间的总体规划，首钢水钢公司产品主要为建筑市场使用，"十二五"期间产铁水 540 万 t/a、钢材产量 600 万 t/a，其中：中厚板 220 万 t/a，小型材及优型材 300 万 t/a，优质高速线材 80 万 t/a；"十三五"期间实现铁水产量 1000 万 t/a，钢 1000 万 t/a，材产量达到 1000 万 t/a。其中棒材 236 万 t/a、线材 90 万 t/a、热轧板卷 278 万 t/a、中厚板 240 万 t/a、冷轧板卷 70 万 t/a、热度铝锌硅合金板 40 万 t/a、彩涂板 30 万 t/a、棒线材制品 16 万 t/a。

（2）煤炭产业

根据国家煤炭产业政策，园区内煤矿在"十二五"期间和"十三五"期间通过技改整合后，将以水城矿业集团为主。水城矿业集团根据煤炭资源储量和市场需求情况，规划"十二五"通过技改和新建矿井使产能达到 483 万 t/a，通过新建和扩大原有洗煤厂能力使煤炭洗选达到 314 万 t/a；"十三五"通过技改和新建矿井使产能达到 633 万 t/a，洗煤厂维持原来产能不变 314 万 t/a。

（3）煤化工产业

煤焦化产业：园区内根据首钢水钢公司的钢铁产能发展规模，焦化企业的产能将在原有 290 万 t/a 的基础上进行扩大或新建，由于该产能规划除考虑近距离的园区内自身需求外，还将兼顾周边煤矿对焦煤的供应量，所以规划园区内焦炭产能在"十二五"达到 350 万 t/a，焦油加工 30 万 t/a，粗（轻）苯加工 6.65 万 t/a，中温沥青 16.2 万 t/a，改质沥青 10 万 t/a，针状焦 5 万 t/a，预焙阳极 10 万 t/a。远期规划"十三五"煤焦化产业产能都维持不变。

煤气化产业：根据六盘水矿区老鹰山煤化工产业发展趋势，规划"十二五"期间甲醇 60 万 t/a（含焦炉煤气）、二甲醚 40 万 t/a；远期"十三五"维持产能不变。在规划期间根据市场变化情况对下游产品可以考虑进行部分深加工，具体规模将根据国家新的煤化工产业政策进行设置和布局。

（4）机械加工产业

根据水城矿业集团的煤炭产业发展规划，以原煤产量来确定园区内煤机制造产业规模，"十二五"期末规划煤机加工业达到产值 5 亿元/年，同时结合水钢和区内首黔公司的发展规划来确定水钢机械厂的机加工能力，"十二五"期末规划钢铁产业配套机械加工企业的产值实现 0.96 亿元/年；"十三五"期末规划实现煤机加工业产值 10 亿元/年，钢铁产业及其他产业配套机械加工业达到产值 2 亿元/年。

（5）电力产业

根据六盘水矿区的总体电力规划，水月老鹰山园区的电厂将主要以煤矸石电厂和瓦斯电厂为今后发展规划重点，所以根据园区内的电力产业发展规划为："十二五"规划煤矸石电厂达到 73.2 万 kW/年，瓦斯电厂达到 5 万 kW/年；"十三五"规划煤矸石电厂达到 133.2 万 kW/年，瓦斯电厂达到 10 万 kW/年。

（6）水泥产业

规划期内园区的工业固废产生量，主要以水钢的水渣、钢渣、铁渣和煤矸石电厂的粉煤灰为主，规划布局园区内的水泥产业在"十二五"达到 300 万 t/a，"十三五"规划达到 470 万 t/a。

（7）新型建材产业

根据规划期内园区的煤矸石、脱硫石膏、粉煤灰和其他固废的产生量来规划布局新型建材产业。"十二五"规划新型墙体材料达到 7.5 亿块标准砖/a，脱硫石膏板 922 万 m^2/a，陶粒加工 20 万 m^3/a；"十三五"规划新型墙体材料达到 8 亿块标准砖/a，脱硫石膏板 1678 万 m^2/a，陶粒加工 50 万 m^3/a。

（8）电解铝

根据园区内原有工业基础和电量供应状况，规划"十二五"期间，电解铝产能达到 50 万 t/a，其中板材加工达到 20 万 t/a，为机械加工制造提供部分原材料，其他铝锭外卖；"十三五"期间电解铝产能维持 50 万 t/a，其中板材加工达到 30 万 t/a，钢铝复合板达到 10 万 t/a，剩余铝锭外卖。

根据各产业规划，园区内各产业的重点项目布局及分布见表 4-6 和表 4-7。

表 4-6　"十二五"期间园区内各产业重点项目列表

产业名称	项目名称	规　模	地　点
钢　铁			
	水城钢铁集团	600 万 t/年	钟山区
煤炭开采		483 万 t/年	
	连山煤矿	120 万 t/年	水城县
	钨铅煤矿	60 万 t/年	水城县
	义忠煤矿	60 万 t/年	水城县
	其他现有煤矿	243 万 t/年	
煤炭洗选		314 万 t/年	
	发嘎坡洗煤厂	120 万 t/年	钟山区月照乡
	水城县 6 号洗煤厂	120 万 t/年	水城县阿戛乡
	其他现有	54 万 t/年	
煤化工			
	德玛焦化	90 万 t/年	钟山区
	水钢焦化	140 万 t/年	钟山区
	旗盛焦化	120 万 t/年	钟山区
	甲　醇	60 万 t/年	老鹰山
	二甲醚	40 万 t/年	老鹰山

续　表

产业名称	项目名称	规　模	地　点
	煤焦油	30 万 t/年	老鹰山
	改质沥青	10 万 t/年	老鹰山
	针状焦	5 万 t/年	老鹰山
	预焙阳极	10 万 t/年	老鹰山
电　力		73.2 万 kW	
	双元铝业矸石电厂	2×6 万 kW	滥坝镇
	水矿集团矸石电厂	2×30 万 kW	钟山区
	汪家寨矸石电厂	2×0.6 万 kW	
建　材			
	老鹰山水泥厂	200 万 t/年	老鹰山
	陶粒厂	20 万 m³/年	水城县
	恒远新型建材	7 亿块标砖/年	钟山区
	脱硫石膏板材厂	1200 万 m²/年	双戛乡
电解铝			
	双元铝业新建	30 万 t/年	水城县
机械制造			
	博力机电公司	5 亿元/年	水城县
	水钢机制公司	0.96 亿元/年	水城县
合　计			

表 4-7　远期"十三五"园区内各产业重点项目列表

产业名称	项目名称	规　模	地　点
钢　铁			
	水城钢铁集团	1000 万 t/年	钟山区
煤炭开采		633 万 t/年	
煤炭洗选		314 万 t/年	
电　力		133.2 万 kW	
	煤矸石电厂	2×30 万 kW	双　嘎
	其他煤矸石电厂	73.2 万 kW	水月园区
建　材			
	水泥厂	470 万 t/年	水月园区
	新型建材	8 亿块标砖/年	水月园区

续　表

产业名称	项目名称	规　模	地　点
	脱硫石膏板材厂	1678 万 m²/年	水月园区
	陶粒厂	50 万 m³/年	水城县
电解铝			
	双元铝业深加工	50 万 t/年	水城县
机械制造			
	博力机电公司	10 亿元/年	水城县
	水钢机制公司	2 亿元/年	水城县
合　计			

3. 园区循环经济规划

按照循环经济理论，首先园区内各企业根据自身实际情况通过提高资源利用率来实现减量化，通过回收利用来实现企业自身的小循环。其次园区内各产业通过物质代谢关系平衡分析来合理布局和规划，最终实现产业间的物质和能量耦合，达到各产业间的协调发展，构成园区内的大循环。园区循环经济模式如图 4-6 所示，"十二五"水月老鹰山园区循环经济产业链规划如图 4-7 所示，"十三五"水月老鹰山园区循环经济产业链规划如图 4-8 所示。

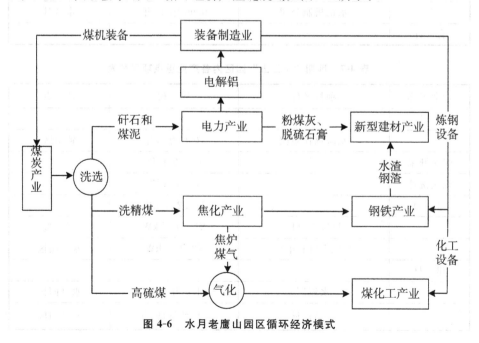

图 4-6　水月老鹰山园区循环经济模式

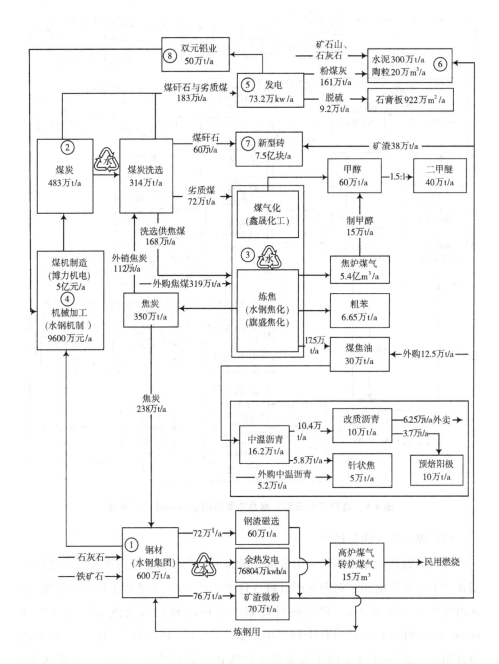

图 4-7　"十二五"期间水月老鹰山园区循环经济产业链

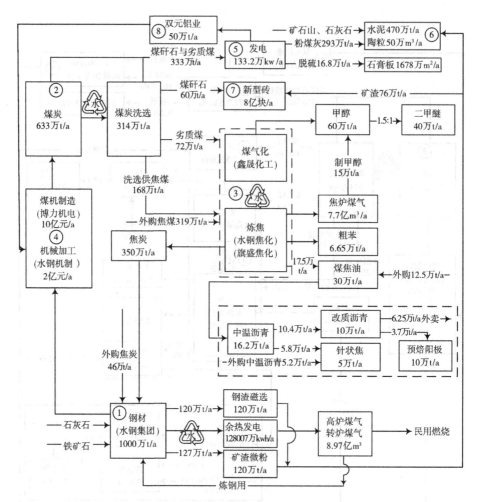

图 4-8　远期 "十三五" 水月老鹰山园区循环经济产业链

（1）煤—钢—建材循环

园区内钢铁产业主要以首钢水钢公司为主，在利用区域内煤炭资源优势规划在 "十二五" 期间水钢钢材产量将达到 600 万 t/a，主要用于建筑市场用钢，区内用焦炭 224 万 t/a。根据钢材规划产量可以利用其余热余压发电达到 76804 万 kWh/a；生产过程中将产生矿渣 76 万 t/a 和钢渣 72 万 t/a，矿渣将通过构建一条 70 万 t/a 的矿渣微粉生产线进行处理然后生产矿渣微粉水泥，钢渣通过构建一条 60 万 t/a 的钢渣磁选生产线；多余的其他矿渣和固废将通过水钢下属的博宏实业有限公司和园区内其他建材企业进行利用产能为 7.5 亿块/a，产生的 5.38 亿 m³ 高炉煤气和转炉煤气将用于炼钢生产使用。在 "十三五"期间水钢钢材产量将达到 1000 万 t/a，主要用于建筑市场用钢，根据此规划产量可以利用其余热余压发电达到 12.8 亿 kWh/a；生产过程中将产生矿渣 127 万 t/a 和钢渣 120 万 t/a，矿渣微粉生产线将扩大到 120 万 t/a 或全部生产矿渣微粉水泥，钢渣通过扩建 120 万 t/a 的钢渣磁选生产线消纳；多余的其他矿渣和固废将通过扩建原有新型墙体材料厂或增加新的生产线来使产能达到 8 亿块标准砖/a 生产线进行利用；产生的焦炉煤气将主要供园区内的居民使用和煤化工，多余的煤气和高炉、转炉煤气将用于炼钢生产减少焦炭使用。

水钢将从降低水耗和能耗两个方面实现企业自身的循环，在"十二五"期间，吨钢取水达到 4.5m³，水循环利用率达到 97.4%，综合能耗达到 664kgce/t；在"十三五"期间，吨钢取水达到 3m³，水循环利用率达到 100%，综合能耗达到 650kgce/t。

（2）煤—电—建材循环

园区内煤炭产业主要以水矿集团为主，规划在"十二五"期间通过整合小煤矿、技改与新建使煤炭产量将达到 483 万 t/a，园区内的重点矿井有连山煤矿 120 万 t/a、米箩煤矿 120 万 t/a、钨铅煤矿 60 万 t/a 和义忠煤矿 60 万 t/a。同时结合各矿实际布置洗选厂，使煤炭洗选能力达到 314 万 t/a，入洗率达到 65%，园区内的重点洗选厂布局有安石集团发嘎坡洗煤厂 120 万 t/a、水城县 6 号洗煤厂 120 万 t/a。煤炭洗选后的煤矸石和劣质煤 183 万 t/a，该部分将用于区内的矸石电厂发电，"十二五"期间末规划发电装机能力达到 73.2 万 kW，重点项目有双元铝业矸石发电厂装机 2×6 万 kW，水矿集团煤矸石电厂装机 2×30 万 kW。发电产生的粉煤灰量在"十二五"期末将达到 161 万 t/a，重点项目有老鹰山水泥厂 200 万 t/a，其余粉煤灰制砖和回填，重点企业有恒远新型建材等，产能达到 7.5 亿块标准砖/a。园区内电厂脱硫 9.2 万 t/a 将通过石膏板厂 922 万 m²/a 进行消纳。在"十三五"期间煤炭产量将达到 633 万 t/a，煤炭入洗达到 314 万 t/a；煤矸石发电装机能力达到 133.2 万 kW；粉煤灰水泥达到 470 万 t/a；新型墙体材料达到 8 亿块标准砖/a，脱硫石膏板 1678 万 m²/a。

（3）煤—焦化—气化循环

煤气化项目以老鹰山的鑫晟化工为主，焦化项目以水钢焦化和旗盛焦化，规划在"十二五"期间劣质煤 72 万 t/a 用于鑫晟煤化工的甲醇 60 万 t/a（含焦炉煤气制甲醇）和二甲醚 40 万 t/a 项目，炼焦煤 487 万 t/a 用于水钢焦化 140 万 t/a、旗盛焦化 120 万 t/a 和德玛焦化 90 万 t/a。根据焦化产业产生的煤焦油和焦炉煤气量，规划煤焦油深加工 30 万 t/a，苯加工 6.65 万 t/a，中温沥青 16.2 万 t/a，改质沥青 10 万 t/a，针状焦 5 万 t/a，预焙阳极 10 万 t/a，焦炉煤气 7.7 亿 m³/a 进行民用燃烧和制甲醇产品。规划在远期"十三五"煤焦化产能维持不变。

(4) 煤—电—电解铝—装备制造

园区内煤矸石电厂发电可用于电解铝生产，主要的电解铝双元铝业规划"十二五"产能 50 万 t/a，将耗电 6.8 亿 kWh/a，铝深加工后供装备制造业使用。根据园区内"十二五"的煤炭产量和钢材产量规划博力机电产值达到 5 亿元/a，水钢机制产值 9600 万元/a。"十三五"规划电解铝产能不变，在产品深加工方面继续深入提高产品附加值，根据园区内"十三五"的煤炭产量和钢材产量规划博力机电产值达到 10 亿元/a，水钢机制产值 2 亿元/a。

4. 园区基础设施保障规划

根据园区内各个产业的发展规划，相应的需要土地、水、电网和公路交通等基础保障进行配套规划。

(1) 土地规划

根据园区内产业规划，"十二五"期末钢铁产业需要新增建设用地 20835 亩，煤炭及洗选产业需要新增建设用地 200 亩，焦化产业需要新增建设用地 160 亩，煤化工产业需要新增建设用地 1160 亩，机械加工与制造需用新增建设用地 922 亩，水泥及新型建材需要新增建设用地 690 亩。"十三五"期末钢铁产业需要新增建设用地 27780 亩，煤炭及洗选产业需要新增建设用地 400 亩，焦化产业需要新增建设用地 260 亩，煤化工产业需要新增建设用地 400 亩，机械加工与制造需用新增建设用地 600 亩，水泥及新型建材需要新增建设用地 400 亩。

(2) 水资源规划

园区内外现有水库共 6 座，蓄水量 8000 万 m³，只能够保障现有市区生活用水和部分工业企业用水，根据近远期的园区内产业规划，现有水库无法满足需要。"十二五"水库供水工程规划如下：在水城县和保华乡双桥村交界地区建设双桥水库供水工程（中型水库），在水城县、匀米乡和金河村交界地区建设观音岩水库（中型水库），在水城县龙场乡水碾村建设雨湾河水库（中型水库），在水城县化乐乡新桥村建设赵家河水库（中型水库）。在远期"十三五"将根据工业产业具体布局建设新的蓄水工程和水库，还需要新增中型水库 3 座。

（3）交通规划

根据近远期园区内的各个产业规划发展情况，需要构建连接各煤矿的乡村公路，和高等级公路，包括部分铁路支线工程。由于交通规划建设的周期长，所以近远期的道路交通规划如下：农村公路 1000 公里；运煤公路 200 公里；水城至镇宁高速公路水城至六枝段新建 58.97 公里；钟山市区西环线 22 公里；钟山市区北环线 32 公里；钟山区南北高速 11 公里；老鹰山货运站场和客运枢纽站；水钢货运站场；德坞公交停车场、保养场、枢纽站；水钢洗马场公交停车场、保养场、枢纽站。

5. 园区效益分析

园区内各产业按照循环经济共生耦合关系进行平衡分析规划后，各个主要产业在规划期末的投资与产值情况和园区的环境效益情况具体见表 4-8 和表 4-9。

表 4-8　园区主要产业规划实施后的经济效益预测

"十二五" 规划期末			
规划项目	2015 年年末产能（万 t/a）	投资（亿元）	产值（亿元/a）
钢铁产业	600	10	200
煤炭产业	483	10.7	9.36
煤炭洗选	314	1	0.72
焦及化工产业	350	59	101.5
建材产业		11.1	7.27
机械加工制造产业		10.3	5.96
电解铝产业	50	54	145
电力产业	73.2 万 kW	27.3	9.755
合　计		183.4	479.565
"十三五" 规划期末			
规划项目	2020 年年末产能（万 t/a）	新增投资（亿元）	新增产值（亿元/a）
钢铁产业	1000	16.7	133
煤炭产业	633	14	12.3
建材产业		22.58	15.2

续　表

"十三五"规划期末			
机械加工制造产业		22.7	7
电解铝产业	50	37	95
电力产业	133.2万kW	22.75	8.13
合　计		135.75	270.6

表 4-9　园区产业规划实施后的环境效益预测

固废名称	"十二五"期末			"十三五"期末		
	产生量（万 t）	利用量（万 t）	利用率（%）	产生量（万 t）	利用量（万 t）	利用率（%）
粉煤灰	161	161	100.00	293	293	100.00
矸　石	86.9	86.9	100.00	114	114	100.00
脱硫石膏	9.2	9.2	100.00	16.8	16.8	100.00
水渣、钢渣	130	130	100.00	247	247	100.00
工业废水	886000	860000	97.07	1772000	1770000	99.89
固　废	387.1	387.1	100.00	670.8	670.8	100.00

　　根据园区产业规划实施后的环境效益指标预测，水月老鹰山园区达到了循环经济园区的要求。

第5章 大同矿区塔山园区
循环经济发展模式

5.1 大同矿区塔山园区概况

随着经济社会的快速发展，对煤炭的需求与日俱增。煤炭处于产业链最底端，在计划经济时期产业分工及传统惯性思维影响下，煤炭企业长期延续着挖原煤、卖原煤，始终处于高强度开采、高能耗、高污染、低利用的传统发展方式。随着煤炭大量开采利用和时间的推移，大同矿区资源型企业所共有的问题逐渐显现，造成了地面塌陷、地表扰动、矸石自燃等严重地质灾害和环境污染。截至目前，大同矿区因采煤而造成的沉陷区面积累计已达 345 平方公里，有 60 多座矸石山，矸石山存量达 8000 万吨，矸石自燃产生的有害气体，严重污染了周围环境，对土壤、地表水和大气环境造成严重污染。矿区地表水锐减，地下水骤降，原有的井泉、河流陆续干涸。昔日的"口泉""黑流水""燕子山""鹊山"空剩其名，再也没有往日的鸟语花香、青山绿水，留下的只是美好的传说。在这种传统的发展模式下，生态破坏了，污染留下了，在资源开采之后，往往留下了一座座废矿。这种发展方式，不仅制约着当前，而且影响着长远发展。尤其是，随着企业规模的扩张，现代新型千万吨级矿井比传统煤矿的开采能力增加数倍，如不转变发展方式，面临的问题将更加突出，后果将更加严重。

在这样的背景下，经济社会要发展，人类要生存，解决这一矛盾，应分析煤炭行业的发展趋势，站在科学发展的高度，根据企业的实际，走循环经济的发展道路。循环经济是转变经济发展方式的有效手段，是治理污染、改善环境的重要措施，是提高煤炭企业经济效益的新模式，是煤矿实现可持续发展的本质要求，是新型工业化道路的具体体现，是贯彻落实科学发展观的具体体现。

塔山园区是同煤集团发展循环经济的首个示范园区，也是山西省第一批循环经济试点园区。从 2003 年开始建设，2009 年 8 月正式建成，以高起点、高标准、高投入为特征，将清洁生产、资源综合利用、生态环保融为一体，是目前全国煤炭行业现已建成的第一个产业链最完整、建设速度最快、节能减排效果体现最明显的循环经济园区。

园区包括两矿十厂一条路：年产 1500 万吨塔山煤矿；1500 万吨塔山选煤厂；1000 万吨同忻煤矿；1000 万吨同忻选煤厂；塔山 2×60 万千瓦坑口电厂；4×5 万千瓦资源综合利用电厂；年产 120 万吨甲醇项目（一期 60 万吨）和煤气联产 5 万吨/年甲醇项目；年产 2.4 亿块（一期 1.2 亿块）煤矸石砖厂；年产 4.8 亿块同忻煤矸石砖项目；年产 5 万吨高岭土加工厂；日产 4500 吨新型干法水泥熟料生产线；日处理能力 4000m³ 塔山污水处理厂；塔山铁路专用线。园区中除了同忻煤矿与同忻选煤厂正在建设中，其他厂矿都已建成。

以上两矿十厂一条路，以煤矿为龙头，下游配套电厂、建材、甲醇等项目，构建起了"煤—电—建材"和"煤—化工"两条完整的产业链条。园区内矿井生产的原煤通过洗选，精煤装车外运；洗中煤、末煤供煤化工项目生产甲醇；洗煤厂分选出来的低热值煤和煤矸石输送到资源综合利用电厂发电和煤矸石砖厂，电厂产生的余热用于居民区冬季取暖；坑口电厂排出的粉煤灰，作为水泥厂的原料；采煤过程中采出的伴生物高岭岩作为高岭土厂的原料。这样，各个生产单位首尾相接，环环紧扣，上一个生产单位产生的废料正好是下一个生产单位的原料，逐层减量利用，物料闭路循环。

5.2　大同矿区塔山循环经济园区发展模式

塔山工业园区是同煤集团有别于传统煤炭开采方式的一次全新尝试，以设计年产 1500 万吨的塔山矿为龙头，建设了选煤厂、高岭岩加工厂、综合利用电厂和坑口电厂、水泥厂、砌体材料厂、甲醇厂、污水处理厂和一条铁路专用线。这一格局体现了循环经济"减量化、再利用、资源化"的发展模式和"资源—产品—废弃物—再生资源"的生产路径。如图 5-1 所示。

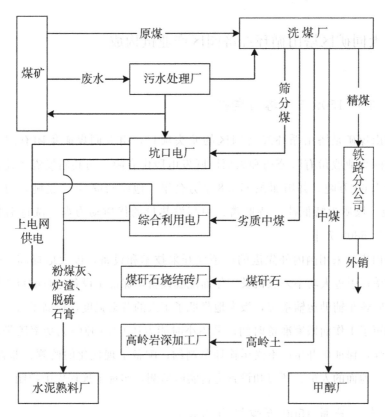

图 5-1　塔山循环经济园区产业链图

原煤开采出来之后，全部进入配套的选煤厂，经洗选后精煤送入精煤仓，作为优质商品煤出售；洗选过程中产生的中煤、煤泥以及排放的部分矸石，输送到综合利用电厂和坑口电厂发电，电力供园区使用和对外输送；发电产生的热经过热电联供系统，取代锅炉对居民供暖。此为塔山园区循环经济的第一阶段或称第一条循环链。此链上实现了热能平衡循环。第二条链由煤矸石和电厂排出的粉煤灰，作为水泥厂的原料，用于生产水泥，水泥厂排出的废渣，进入砌体材料厂用于生产新型砌体。矿井排出的工业废水以及生活污水，全部进入污水处理厂，净化处理后再进入电厂复用，选煤生产过程中产生的煤泥水经浓缩机沉淀处理后重复使用，一部分废水经深度处理后可用于矿区生活、消防及井下洒水。此为循环经济的第三阶段或称第三条循环链。这种生产模式和生产布局组成了这样一条工业链：各生产单位首尾相连、环环相扣，上一个生产单位的废料正好是下一个生产单位的原料，做到了资源的充分利用，并且把废弃物的排放和对环境的污染降到了最低。

5.3 大同矿区塔山循环经济园区产业链构成

1. 年产 1500 万吨塔山煤矿

塔山煤矿是塔山循环经济园区的龙头项目，由大同煤矿集团有限责任公司、大同煤业股份有限公司和大唐国际发电股份有限公司共同投资兴建，设计年产量 1500 万吨。井田面积 170.8 平方公里，地质储量 50.7 亿吨，可采储量 30 亿吨，煤质为特低硫、特低磷、中高发热量的优质动力煤，洗选后精煤发热量可达 5800 大卡。

塔山煤矿采用国内外先进的放顶煤开采技术和设备，极大地提高了煤炭资源回收率；引进大功率采煤机及工作面配套设备，保证了设备运行的可靠性；引进无轨胶轮车辅助运输系统，极大地降低了工人的劳动强度，提高了劳动生产效率，缩短了工作面搬家准备时间；采用小时能力达 6000 吨的大功率胶带运输机集中运煤，保证矿井生产不受运输环节制约；配备了现代化的监测、监控系统，对井下、地面的人员、环境和设备进行实时监测，实现了远程集中控制。

2. 年入选量 1500 万吨塔山选煤厂

塔山选煤厂是塔山循环经济园区的重要配套项目，占地 340 亩，年入选量 1500 万吨，于 2003 年 10 月开工建设，2006 年 1 月试运转，2008 年 12 月通过投产验收。

塔山选煤厂代表了国内外煤炭洗选技术的先进水平。该项目采用重介浅槽分选块煤、重介旋流器分选末煤、煤泥分选机回收煤泥的联合洗选工艺，小时处理能力 3000 吨，主要生产精煤和中煤两个产品。原煤全部入洗，洗选后产率为：洗精煤 55%，中煤 10%。质量指标为：洗精煤灰分为 21%，中煤灰分为 42%，各产品硫分均小于 0.5%，产品质量指标可根据市场需求的变化进行调整。

3. 塔山 2×60 万千瓦坑口电厂

塔山 2×60 万千瓦坑口电厂是"煤—电—建材"产业链中的枢纽工程，是同煤集团走新型工业化道路的煤电联营坑口示范性电站，也是迄今为止煤炭系统控股建设的国内单机容量最大的坑口电站。

项目于 2006 年 11 月开工建设，2008 年 6 月 18 日 1♯机组实现并网发电，2008 年 9 月 19 日，2♯机组实现并网发电，其中 1♯机组创造了我国北方地区同类机组建设速度最快的纪录。塔山电厂燃料通过 1.5 公里的输煤栈桥直接送达厂内，具有燃料运输距离短、煤源供应稳定等显著的竞争优势。机组投产以来，为保障奥运供电和缓解高峰用电紧张矛盾做出了突出的贡献。塔山电厂总规划建设 6 台 600MW 级发电机组，二期扩建 2 台 660MW 超临界发电机组，三期扩建 2 台 600MW 循环流化床劣质煤示范机组。

塔山电厂原料煤为塔山矿 25mm 以下筛分煤，年消耗量 320 万吨，采用直接空冷节水机组，选用高效静电除尘设备，除尘效率高达 99.85%，比国内电厂高出 0.85%，相当于年减少烟尘排放量 280 吨，大大地减少了烟尘对周边环境的污染。电厂生产过程中产生的污水，经过厂区内设立的三级污水处理后，复用于灰场和煤场防尘喷淋及绿化用水，实现了水资源的闭路循环，生产废水的重复利用率达到 100%。生活污水统一进入园区的污水处理厂，处理后进行重复利用。电厂产生的粉煤灰及炉渣进入园区配套建设的日产 4500 吨新型干法水泥熟料生产线，实现了固体废弃物的资源化再利用。

4. 资源综合利用电厂（4×5 万千瓦）

4×5 万千瓦资源综合利用电厂是同煤集团以资源综合利用为主、兼顾热电联产、集中供热、改善环境的第一个电厂。于 2004 年 7 月正式开工，2006 年四台机组先后投入商业运行。

为了实现清洁生产，该电厂全部选用节能环保型设备。高压循环流化床环保锅炉，通过燃料和脱硫剂多次循环、反复燃烧和反应，提高了燃烧和脱硫的效率，具有直接脱硫和减少氮氧化物的效果。空冷汽轮发电机组，配有国内自行生产的直冷式空冷系统，是富煤缺水地区的最佳选择。电厂加布袋除尘器，有效地减少了烟气排放。设备操作采用 DCS 系统，是目前世界上最先进的操作方法。

该电厂每年消耗塔山矿低热值劣质中煤 120 万吨，发电 11 亿度，替代了原有的 80 余座小锅炉房和 240 多台燃煤中小锅炉，每年节约标煤 70 万吨，日节约水 1.2 万吨，SO_2 和烟尘排放量分别减少 4000 吨和 6940 吨。发电产生的工业废水在厂区内自行处理后回收复用，粉煤灰和炉渣工业废料进入园区日产 4500 万吨新型干法水泥熟料生产线，实现了能耗和污染的最小化和经济效益、社会效益的最大化。

5. 年产 120 万吨甲醇厂

同煤广发化学工业有限公司年产 120 万吨甲醇项目是塔山循环经济园区"煤—化工"产业链中的重要环节，是同煤集团调整产业结构，大力发展煤化工产业，提高煤炭产品附加值，实现可持续发展的重要途径，是山西省重点项目之一。

该厂总规模 120 万吨，一期年产 60 万吨。主产品为 60 万吨精甲醇，副产品为少量固体硫黄。原料煤采用大同侏罗纪煤，年消耗 79.06 万吨，燃料煤共需 71 万吨，部分采用塔山矿洗中煤，剩余部分来自其他矿井。生产过程中产生的粉煤灰和炉渣进入园区配套建设的日产 4500 吨新型干法水泥熟料生产线，工业废水经处理后回收复用。

该厂采用壳牌气化炉、"一级磨粉干燥、一级煤粉分离收尘、中间贮仓"、一氧化碳变换、酸性气体脱除、甲醇合成、甲醇蒸馏、膜分离法回收氢等国际上先进的工艺和设备，并在节能方面采取了大量先进的技术，如壳牌粉煤气化技术，碳的转化率高，冷煤气效率高，氧耗低，原料煤消耗低；热风系统采用回路设计，收尘后的热气体循环部分使用，降低了系统的加热能耗和氮气消耗等。当前，甲醇下游产品的研发和工业化的速度相当快，已成熟的技术也相当多，市场前景看好，甲醇需求量日渐攀升，因此先进的技术、装备、工艺为提升产品品质、提高市场竞争力提供了重要保证。

6. 煤气联产 5 万吨/年甲醇厂

煤气联产 5 万吨/年甲醇厂于 2004 年 11 月 19 日奠基开工，2006 年 7 月 5 日竣工，2006 年 9 月 16 日一次试车成功，产品达国家一级标准。公司投产以来累计生产甲醇 32100 吨，销售收入实现 7148.4 万元。

该厂生产原料为煤气厂通过直立炉和两段炉制出的富余煤气，经湿法脱硫、压缩、变换、脱碳、精脱硫、合成、精馏等工序合成甲醇，反应后的驰放气并入煤气管网实现再利用。同时，该项目副产一定量的蒸汽，用于补充变换系统所需蒸汽或职工洗澡。甲醇精馏使用的蒸汽来自 20 吨循环流化床锅炉，燃料为塔山矿低热值洗中煤，年用量为 5 万吨。

通过对现行工艺的改造，有效实现了节能减排。将装置区系统的放散气系统进行改造后大大减少了因开、停车放散的煤气，既减少了浪费又保护了环境；对脱盐水站浓盐水排放系统进行了改造，使其进入循环水系统作为冷却用水，既减少了浓盐水的排放量，又节约了新鲜水的使用量；对合成副产蒸汽系统管网进行改造，使原来放散的蒸汽补充到变换系统，既降低因放散产生的噪声污染，又节约了锅炉燃煤等。

7. 年产 2.4 亿块煤矸石砖厂

大同煤矿同塔建材有限责任公司是大同煤矿集团塔山循环经济园区重点企业。利用同煤塔山煤矿煤矸石生产新型烧结砖，实现煤矸石资源化综合利用。同塔建材公司于 2008 年 7 月开工建设，2009 年 6 月建成，设计能力为年产2.4 亿块煤矸石烧结砖（每年可消化煤矸石 80 万吨），一期 1.2 亿块，总投资1.8 亿元，一期投资 9000 万元。企业装备了国内先进成熟的工艺生产线，采用粗破碎、细破碎、分筛、陈化、搅拌、成型、干燥、烧结等先进工艺流程。主要产品：GB13544—2003 烧结多孔砖，GB13545—2003 空心砖、空心砌块，抗压强度不低于 10 兆帕，其等级均达国家标准。

与普通砖相比，多孔砖、空心砖具有单块体积大、砌筑便利、节约砂浆、容重轻、降低工程造价、减少运输量，隔热、保温、隔音等诸多性能优势，是国家推广的取代传统粘土砖的新型建筑材料。

8. 年产 5 万吨高岭土加工厂

大同煤业金宇高岭土化工有限公司是塔山循环经济园区重点企业。利用同煤塔山煤矿煤系伴生的高岭岩生产优质超细煅烧高岭土。大同煤业金宇高岭土化工有限公司于 2008 年 4 月开工建设，2009 年 6 月建成，设计能力为年产 5 万吨超细煅烧高岭土，产品分别为 6250 目和 4000 目高岭土煅烧粉。

6250 目高岭土是世界上最细的，达到了世界先进水平。公司拥有国内最先进的中央集中控制设备和设施，采用国内外领先的细磨生产工艺技术，产品具有白度高、晶形好、容重小、孔隙率大、光散射率高、遮盖力好等优点，广泛应用于油漆、涂料、造纸、橡胶、塑料、电缆、陶瓷、石化、医药等领域及行业。大同煤业金宇高岭土化工有限公司五万吨煅烧高岭土全部选用国内先进的设备和工艺，在加工设备中其能耗最大的作业是干燥、煅烧作业，在干燥和煅烧作业中燃料消耗费用占总生产成本的比例很大，直接影响企业的经济效益。高岭土加工属于环保型产业，生产中没有工业废水和工业废弃物和有害气体排放。单位能耗分别为，电：670kWh/t，水：$2m^3/t$，煤气：$1800m^3/t$。金宇高岭土公司的建成对提高同煤集团塔山经济循环园区减少废物排放，提高资源利用率，建设环保型企业起到积极有效的作用。

9. 日产 4500 吨新型干法水泥熟料生产线

日产 4500 吨新型干法水泥熟料生产线作为塔山循环经济园区"煤—电—建材"产业链的重要组成部分，担负着消化吸纳塔山园区上游产业产生的粉煤灰、炉渣、石膏等工业废料的重任，是调整产业结构，发展循环经济的标志性工程。

该生产线于 2008 年 5 月开工奠基，2009 年年底试生产。投产后，每年消化粉煤灰、炉渣、脱硫石膏等工业废渣 53 万吨，生产优质、低碱、高标号水泥 240 万吨，实现销售收入 45320 万元，利润 1.4 亿元。水泥作为最基础的胶凝建筑材料，市场前景看好，二期预留同等规模生产线，最终形成日产 1 万吨的水泥熟料生产基地，年综合利用工业废料可达 106 万吨。该生产线还充分利用生产过程中产生的余热，同步配套纯低温余热发电系统，设计容量为 9MW，可解决本生产线 30% 左右的用电量。

10. 日处理能力 4000m³ 塔山污水处理厂

塔山污水处理厂是塔山循环经济园区的重点配套项目工程。该厂占地 30.3 亩，设计规模为 4000m³/d，主要处理园区内煤矿、电厂等项目的生活污水和工业废水。工程于 2008 年 3 月开工，8 月底建成，9 月投入试运行。该厂污水处理采用 A2/O+BAF（曝气生物滤池）工艺，经处理后的污水，总磷、总氮、氨氮、固体悬浮物、COD、BOD 等污染物指标会明显下降，水质达到国家一级 A 排放标准。上游污水经污水处理厂三级处理后，可供绿化浇灌、井下抑尘、洗煤厂配置介质等，经处理后的污水全部回收复用，实现园区 COD 污染物整体零排放的目标。

11. 塔山铁路专用线

被誉为"塔山第一路"的塔山铁路专用线，自北同蒲线韩家岭站接轨，终点至塔山站，建设里程 20 公里，铺轨 48.6 公里，将塔山循环经济园区、大同煤矿集团公司和国家铁路运输第一大动脉——大秦铁路紧紧联系在一起，塔山循环经济园区最优质的煤炭资源就从这里驶出，输送到全国，走向世界。

　　塔山铁路专用线是同煤集团第一条技术标准高、设备先进的电气化铁路专用线。塔山铁路专用线设计年运量 6500 万吨，主要承担塔山煤矿、同忻煤矿的煤炭及塔山循环经济园区相关企业的产品运输。工程于 2004 年 4 月 10 日开工建设，2005 年 11 月 30 日建成，2006 年 7 月正式开通运营。运力达到设计能力后，年盈利可达 2700 万元。

第6章 煤炭矿区发展循环经济支撑技术

6.1 煤炭矿区发展循环经济支撑技术体系

6.1.1 煤炭企业循环经济技术创新目标

随着我国经济的飞速发展，对世界经济的影响明显增强，同时也受到越来越多的外界关注，我国必须努力承担起大国的责任，才能谋求更好的发展。煤炭的开采和利用对我国经济的发展起着关键作用，但是，煤炭行业传统的"高消耗、高排放、低效率"的粗放型经济增长模式，给大量煤炭资源及其伴生资源造成了破坏和浪费。环境的严重污染，生态的严重破坏，电能和水能的大量消耗，造成了大量的资源和能源的浪费。基于此，近些年来，煤炭行业在政府、企业、大学及研究单位的共同努力下，开展了大量有关循环经济技术创新的研究和实践工作，取得了许多突出的成绩。但由于煤炭生产经营的特点，煤炭企业仍面临巨大的生态建设压力。按照企业可持续发展的要求，煤炭企业进行循环经济技术创新是现在和未来的必然选择，这不仅是贯彻落实科学发展观、转变经济增长方式、实现资源节约型和环境友好型的重要途径，也是实现环境保护、煤炭资源合理开发和综合利用、实现可持续发展的根本出路，是实现煤炭企业与矿区社会和谐发展的重要保证，是主动承担企业社会责任的重要表现。应该看到，以煤炭开采与利用为代表的"黑色经济"时代已经走到了尽头，发展循环经济技术已成为当前十分紧迫的战略任务。

煤炭企业循环经济技术创新就是对煤炭企业在整个工业生产及循环利用过程中可能应用到的循环经济技术进行创新，从而提升循环经济发展水平，实现工业系统与自然生态系统的和谐发展，其实质就是如何节约资源和能源，如何最大限度地减少对环境、生态的扰动和破坏。这其中包括：在煤炭开采过程中实现清洁、绿色开采，最大限度地避免开采和加工过程中造成的资源浪费；对开采过程中的伴生物进行高效利用、综合治理，提高各种资源的利用率；大力节约煤炭企业自身生产、加工过程中的能耗及物耗，提高土地、水电、原材料的节约复用；以土地复垦和植被修复为重点，对矿区地表生态进行恢复和治理。

煤炭企业循环经济技术创新的目标就是要实现煤炭生产利用的经济效益、社会效益和环境效益的协调统一，确保能源安全稳定供应，保障社会、经济平稳较快发展。具体目标体现在以下几个方面。

（1）提高安全保障水平。煤炭开采不当会产生危害煤矿正常生产和人民生命财产安全的事故，例如瓦斯爆炸、瓦斯突出、顶板冒落、采空区发火、矿井突水、地面塌陷、崩塌等自然灾害，一旦发生，将会造成大量人员伤亡和经济损失。煤炭开采安全为大，煤炭企业必须通过各种循环经济技术创新，提高煤炭开采的安全水平。

（2）提高资源综合利用率。煤炭企业在煤炭开发过程中应尽可能减少对其他资源（如土地、水和空气）的连带破坏和浪费，提高资源回收率，还应考虑节约因素，提高煤炭的利用效率，充分挖掘煤炭资源的潜能，通过资源的综合利用、二次资源的利用以及节能、节电、节水，合理利用煤炭资源，提高煤炭资源附加值。

（3）提高生产效率及经济、社会效益。煤炭企业的生产经营在重视生态环保、提高社会效益及环境效益的同时也要注重提高经济效益，做到经济发展、生态环保相协调，效率的提高是经济效益提高的保证。

（4）降低运行能耗。煤炭企业进行循环经济技术创新的主要目标是最大限度地节约能源，降低能耗，因此要把节能减排贯穿到煤矿活动的全过程，最大限度地减少能源（电、水、煤炭）的消耗，开发、集成应用各项节能技术来推动节能减排、减少能耗的实施，使整个生产过程实现生态环保。

（5）减少污染和废弃物排放。煤炭的开采和利用对生态环境产生了多方面的严重影响，煤炭企业进行循环经济技术创新应将保持良好的生态环境作为一个重要的基本约束，以"零排放、无污染"为最高目标，集成与研究循环经济技术，并应用于煤炭资源开发全过程，减少污染和废弃物排放，促进煤炭清洁产品的生产、消费过程与环境相容，降低整个生产活动对人类和环境的风险。

（6）减少对地下水、地表及自然环境的扰动和破坏。煤炭企业进行循环经济技术创新，就必须关注煤矿开采和废弃物利用对自然环境的扰动和破坏。虽然不能绝对保证对自然及生态没有扰动，但应采取先进的技术和管理措施，尽量减少扰动和破坏。矿井开采对地下水系可能造成破坏，同时可能造成矿井突水的灾害，造成了大量的伤亡事故和经济损失；还有可能由于井下垮落造成地表的塌陷，破坏地表的生态和自然环境；另外在开采中废弃物（矸石）及排放的瓦斯会对自然环境及生态造成影响和破坏。针对以上情况，应在矿井设计、建设、生产、关闭、废弃物利用的全过程考虑对地下水、地表及自然环境的扰动和破坏，使煤炭企业在煤炭的开采和利用过程中对生态的影响是可控的。

以上六个目标可以总结成"三高三低"，即高能效、高效率、高效益、低能耗、低排放、低污染。所谓高能效就是提高能源的利用率；高效率就是提高单位时间内煤炭产量或废弃物的利用量；高效益就是提高煤矿的经济及社会总体效益，这是煤矿建设的主要目标，只要高效益，获得发展和建设的充足的人力和物质资本，才能更好地开展煤矿生态建设工作，煤矿能效和效率的增加也必然能导致煤矿效益从经济、社会、环境 3 个方面的增加。在达到"三高"的同时，根据循环经济技术创新的总体目标，必须实现"三低"，即低能耗、低排放、低污染。低能耗就是降低煤矿运行能耗，节能、节水和节资，低排放就是减少废弃物的排放量，低污染就是虽有排放，但不能对生态环境造成严重污染。

6.1.2　煤炭矿区发展循环经济支撑技术体系框架

煤炭矿区发展循环经济支撑技术体系包括煤矿井下清洁开采技术、煤炭开采伴生物治理及资源化技术、煤矿地表生态治理技术、煤炭清洁转化技术与煤炭清洁燃烧技术五个方面，如图 6-1 所示。

煤矿井下清洁开采技术就是考虑环境保护、减少污染的煤炭开采技术，是以控制岩层移动为基础，以保护环境为原则，利用煤与瓦斯共采、保水开采、减沉开采等开采方法，减少废弃物和环境有害物排放，在环境损害最小状态下达到最大的资源回收率的开采技术。其作用是减轻污染后治理的难度和工程量；基本出发点是从开采的角度防护或尽可能减轻开采煤炭对环境和其他资源的不良影响；目标是取得最佳的经济效益、环境效益和社会效益。

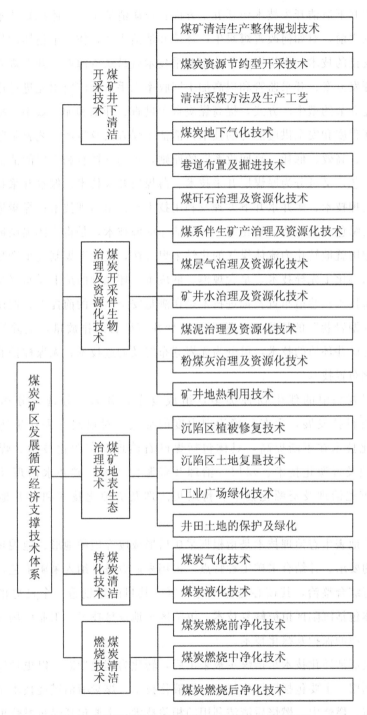

图 6-1　煤炭矿区发展循环经济支撑技术体系框架

  煤矿井下清洁开采技术包括五个方面：煤矿清洁生产整体规划技术就是在矿井开发之前，对如何改善煤炭生产环境和清洁生产，作一个整体的规划，进行全面安排的技术；煤炭资源节约型开采技术就是从资源勘查开发规划、开采布局、开发方案、开采监管和提高加工回收率入手，推广应用先进适用技术和装备，建立节约型生产方式，提高煤炭资源勘查、开采和加工效率，提高煤炭资源保证程度和安全供应能力的技术；清洁采煤方法及生产工艺就是坚持"安全、清洁、高效、低耗、高回收率"的原则，正确选择有利于煤的清洁生产的方法和工艺，又可分为厚煤层开采技术、薄煤层开采技术、保水开采技术、矸石井下处理技术、矿井水井下处理及利用技术和粉尘治理技术；煤炭地下气化技术是集绿色开采与清洁转化为一体的洁净能源技术，是将固体煤层通过燃烧热化学作用就地转化为流体煤气的化学采煤方法，是地下煤制气生产化工合成原料气的煤化工先导技术，是大规模、低成本、环保型的地下煤水气化制氢工程的高新技术；巷道布置及掘进技术是在满足安全生产的前提下，遵循"多掘煤巷、少掘岩巷"的原则，从源头上减少井下矸石的排放量，消除煤矸石污染，改善矿井环境的技术，可分为无岩巷布置及掘进技术、无煤柱护巷技术和巷道优化布置技术。

  煤炭开采中的伴生物种类多，组成复杂，分采、分选、分离过程困难，随着科技发展，生态环境治理力度的加大，对煤炭开采伴生物的治理及资源化技术在不断提高，具体包括煤矸石治理及资源化技术、煤系伴生矿产治理及资源化技术、煤层气治理及资源化技术、矿井水治理及资源化技术、煤泥治理及资源化技术、粉煤灰治理及资源化技术和矿井地热利用技术。

  煤矿地表生态治理技术是指根据采矿后形成废弃地的地形、地貌现状，按照规划的要求，并结合采矿工程特点，采用采矿设备，纳入采矿工艺，对破坏土地进行综合整治，其核心是保护与修复，其目的是创造一个良好的生态环境。具体包括沉陷区植被修复技术、沉陷区土地复垦技术、工业广场绿化技术和井田土地的保护及绿化技术。

  煤炭清洁转化技术是指煤炭被采出后，转化为其他形态，以更加清洁的方式加以利用，主要包括煤气化技术与煤液化技术。煤炭清洁燃烧技术是指煤炭在燃烧前、燃烧中、燃烧后清洁利用的相关技术，主要包括煤炭燃烧前净化技术、煤炭燃烧中净化技术与煤炭燃烧后净化技术。

6.2　煤矿井下清洁开采技术

煤炭清洁开采即在生产高质量煤炭的同时，又做到把对矿区周边的环境污染降低到最低程度。煤炭清洁开采技术是相对意义下的煤炭生产中减少污染的技术，其作用是减轻污染后治理的难度和工程量。煤炭开采对环境所造成的污染和破坏主要有：煤炭生产产生的大量的煤矸石污染；煤炭生产过程中释放到大气中的废气污染；煤炭生产过程中排放的污水污染；煤炭生产对水资源的污染以及对土地的占用破坏等。

6.2.1　煤炭资源节约型开采技术

1. 提高回采率的对策

要提高煤炭资源的回采率，除了统筹规划、采用先进的开采技术外，还必须有强有力的政策约束。

（1）科学规划，提高煤炭资源开采利用水平。煤炭资源不可再生，开发和利用一定要在科学规划、周密安排的前提下进行。制定并实施煤炭资源开发利用标准及规划，提高煤炭资源开采利用水平，全面促进煤炭工业的持续健康发展，不能只顾眼前利益。国家和省（市、自治区）的国土资源和煤炭行业管理部门应加强对煤炭开发、利用的控制，形成统一规划。

（2）依靠科学技术提高资源回采率。依靠科技进步和技术创新，采用先进的开采技术，淘汰落后的生产工艺，提高煤炭资源的回采率。

① 提高煤炭资源回采率应与科技进步相结合。可通过引进和采用先进技术，使薄煤层得到较好的开采利用。这样既可做到高产高效，又可提高企业的经济效益。实践说明，许多资源利用难题是可以通过技术进步得到解决的，关键在于是不是把资源的可持续开采利用放在企业长远发展，国家资源充分利用、子孙后代能够享用的战略高度来认识。

② 加强边角煤开采技术与装备的研究，开发适合我国煤层和矿井开采技术条件的高效短壁开采工艺及其配套生产装备。

③ 采用节约资源的开采方式。矿井必须采用壁式开采方式，严禁采用巷

采、高落式等落后采煤方法；有条件的矿井应推广沿空留巷或沿空掘巷技术，以提高资源回采率。

④ 复采措施。过去，由于煤炭市场低迷，很多煤矿采肥丢瘦，甚至只采出块煤。应尽快制定措施，在保证安全的前提下进行复采。

（3）加强管理，提高煤炭资源的回采率

① 成立职能统一、责权统一的行业管理机构。由于种种原因，煤炭行业的主管部门几经变化，已没有职能统一、责权统一的行业管理机构。行业管理被弱化，许多问题难以得到有效的解决，下情难以上达，行业发展缺乏统筹考虑，发展后劲不足。鉴于此，必须从体制上解决煤炭行业发展的问题，制定并实施煤炭资源开发利用标准及规划，提高煤炭资源回收率，全面促进煤炭工业的持续健康发展。

② 通过行政手段和经济手段相结合的办法减少对煤炭资源的浪费。国家应高度重视和解决煤炭资源开发浪费问题，从煤炭资源管理、开发体制上进行改革，通过资源有偿使用、资本化运营等多种方式解决该问题。A. 对煤炭资源的回采率实行强制性规定。回采率标准除根据煤层厚度划分外，还应根据具体的开采技术条件进行划分。就煤炭资源回采率这一指标，应做到赏罚分明。B. 要用法律法规和市场调节机制约束和规范煤炭开采。企业合理有效地开发利用资源，实现保护性开采。国外一般都实行准入制，对开采企业的规模、回收率、环保等指标都有严格要求。要提高办矿准入条件，使企业建设之初就具备较高的技术水平。C. 调整资源税征收办法。首先要对资源税进行改革，尽快改变目前的按采出量征收资源税的办法。由现在按产量征收改革为按资源消耗量征收，即按划分给开采企业的资源储量来计算，如果企业浪费了，仍需交纳补偿费。其次要制订资源回收率的评价标准，按资源回收率确定相应的收税标准，资源回收率越低，资源税越高，从税收上促使企业提高回收率。D. 完善煤炭资源管理办法。严格资源审批管理制度，并且要落实储量管理责任，制定储量管理考核奖惩办法和储量损失审批办法，彻底改变严重浪费煤炭资源现象。

③ 清理整顿小煤矿。我国小煤矿采煤方法落后，资源浪费严重。因此，应清理整顿小煤矿，对其实施资源整合，进行联营改造，以达到减少矿点，扩大规模，优化矿井布局，提高技术水平，提高煤炭资源回收率的目的。

（4）鼓励开采劣质煤和极薄煤层。国家应鼓励开采劣质煤和极薄煤层，在开采劣质煤和极薄煤层时应克服政策障碍，给予政策支持。

① 开采劣质煤和极薄煤层，生产经营成本较高，经济效益比开采优质煤低，需要有相关政策支持，才能吸引社会对该类资源利用价值的关注。因此，应给予一定的税收优惠政策。

② 国土资源部门在划定矿区开采范围时，劣质煤、极薄煤层一般未计算储量，未进行储量登记，矿井如果开采，属超层越界。若进行了储量登记，进行开采，则需要交纳资源转让价款，企业难以承受。应该对该类边际煤炭资源单独进行储量登记，不交或尽量少交资源转让价款。

③ 地质部门在地质勘探工作中应将所有煤层，包括未达到可采厚度的煤层都详细叙述，并根据各地区的实际开采情况绘制有可能开采的各煤层底板等高线及储量计算图。实际上，有些煤层未达到可采厚度或煤质较差，若单独开采，不经济，若属近距离煤层群，在开采时，往往开拓、准备巷道已布置完善，对劣质煤或极薄煤层，只需布置短石门和回采巷道即可开采。全国这类极薄煤层较多，总的资源量是很可观的。在地质勘探工作中，应重视对这类边际资源的调查，估算其资源量，为开采利用这类边际资源创造条件。

（5）充分利用零星分布的小块煤炭资源。每个煤田都有零星分布的小块煤炭资源，这类资源面积小，资源量不大，特别适合小煤矿的开采。由于这类资源分布面广，总的资源量较大，应对其展开资源调查。另外，在规划的矿区范围内，适合建大矿的应坚决建大矿，但在设计时往往会人为规定一个开采上限，无形中就将冒头煤丢掉，浪费了宝贵的煤炭资源。为合理开发零星分布的小块煤炭资源和大矿冒头煤，在不影响大矿安全的前提下，应限制性地新开办一些小煤矿。

2. 薄煤层开采技术

（1）薄煤层开采的特点

在我国井工开采矿井中，长壁式采煤法是目前采用的主要采煤方法。近年来，机械化长壁采煤技术和装备在中厚及厚煤层中发展很快。在中厚煤层中装备大功率采煤装备实现综采工作面高产高效，在厚煤层中实现了一次采全厚综采放顶煤高产高效，说明长壁综合机械化采煤法在工作面单产、效率和经济效益方面具有显著优越性。我国薄煤层开采也主要采用长壁采煤法，但由于开采煤层厚度小于 1.3m，与中厚及厚煤层相比，开采薄煤层机械化长壁工作面主要存在以下问题。

① 采高低，人员在工作面只能爬行，工作条件差，设备移动困难。特别

是薄煤层综采工作面中，当最小采高降到 1.0m 以下时，人员进入工作面或在工作面内作业都非常困难。而且薄煤层采煤机械和液压支架受空间尺寸限制，设计难度大。液压支架立柱通常要双伸缩甚至三伸缩，增加了制造成本。

② 采掘比大，掘进率高，采煤工作面接替困难。随着长壁机械化采煤技术的发展，工作面推进速度大大加快。但由于薄煤层工作面回采巷道为半煤岩巷，巷道掘进手段没有多大的变化，仍以打眼放炮、人工装煤为主，掘进速度很慢，造成薄煤层综采工作面接替紧张。

③ 煤层厚度变化、断层等地质构造对薄煤层长壁工作面生产影响比开采中厚及厚煤层工作面要大，造成薄煤层长壁综采或机采工作面布置困难。

④ 薄煤层长壁机械化采煤工作面的投入产出比低，经济效益不如开采厚及中厚煤层工作面。一个薄煤层综采工作面的设备投资不比设备装机功率和支架工作阻力相当的中厚煤层综采工作面少，但薄煤层综采工作面的单产和效率一般只有中厚煤层综采工作面的一半，甚至更低。

由于薄煤层长壁开采的特殊性，造成薄煤层长壁综采发展缓慢，目前主要以机采和炮采为主，而且开采薄煤层的矿井或工作面的经济效益多数不理想。所以应针对薄煤层的开采特点，发展薄煤层长壁采煤工艺和装备。目前国内外薄煤层机械化开采的采煤工艺主要有：长壁式开采、螺旋钻采煤、连续采煤机房柱式开采和短壁式开采。

（2）薄煤层采煤方法

① 薄煤层长壁式采煤工艺

无论是综采工艺还是机采工艺，主要特点与中厚煤层大同小异。所不同的是落煤机械除了滚筒式采煤机外，还有刨煤机、刨运机等。由于薄煤层采高小，顶板压力小。围岩变形破坏程度也小，因此工作面支护强度小于中厚煤层工作面。顶板管理可采用冒落法、缓慢下沉法和局部充填法。如果回采工作面的直接顶（或伪顶）、直接底为炭质泥岩或炭质页岩，为生产方便和提高效率，可人为地加大采高进行开采。对赋存稳定、地质构造简单的薄煤层可采用机械化长壁开采。薄煤层机械化长壁开采工艺主要有以下几方面的特点。

A. 采用沿空留巷无煤柱开采技术

薄煤层机械化长壁式开采，回采巷道半煤岩巷掘进是一个突出的问题。而且薄煤层工作面巷道变形量小，维护容易。因此在籍煤层工作面广泛采用沿空留巷技术。常用的沿空留巷技术有：a）无巷旁支护沿空留巷；b）矸石带护巷沿空留巷；c）木垛护巷沿空留巷；d）密集支柱沿空留巷；e）砌预制构件垛护巷沿空留巷；f) 巷旁充填沿空留巷，包括风力充填和高水剂材料充填。沿空留巷无煤柱开采的关键是巷旁支护和防漏风问题。中国先后成功地引进了风力和泵送充填巷旁技术。

B. 加大工作面长度，布置对拉工作面

影响工作面长度增加的主要因素是刮板输送机铺设长度和开采煤层的赋存条件。解决薄煤层工作面长度短的有效办法是采用对拉工作面布置。对拉布置，两对拉工作面共用一条运输顺槽，可以同步推进，也可以相错 1—3 个循环。对拉工作面布置方式在薄煤层机采和炮采工作面应用很广，它可以减少巷道掘进量。缓解薄煤层开采的工作面接替紧张等问题。

C. 加大工作面推进长度，采用旋转开采和往复式开采

为了加大薄煤层综采工作面连续推进长度，减少工作面搬家次数，可采用旋转开采技术。在英国和德国的综采工作面旋转开采应用较多。我国的实践证明，对顶板稳定的薄煤层综采工作面，旋转开采是一种有效的方法。工作面旋转角度视具体情况而定，可在 45°～180°之间选择。工作面也可以围绕顺槽旋转 180°，进行往复式开采。

D. 工作面采用气垛支架支护

薄煤层工作面支护，除了液压支架、单体液压支柱和金属摩擦支柱外，还可以采用气垛支架支护。气垛支架是专为薄煤层工作面支护而设计的气囊式支架，最早在苏联研制成功。我国在1992年研制成功了PS型气垛支架，先后在枣庄、天府、北京、水荣、攀枝花等矿务局的薄煤层工作面推广使用。在单体PS型气垛支架的基础上，北京开采研究所又研制了薄煤层自移式气垛支架，在四川汪洋煤矿通过了工业性试验。

② 螺旋钻采煤法

螺旋钻采煤法是一种用于薄煤层开采的新型采煤方法，其最大特点是不需要回采工作面，人员在巷道中用螺旋钻采煤机直接将煤采出。

A. 螺旋钻采煤机

螺旋钻采煤机主要由主机、钻具、泵站及多功能控制装置组成，并配有安全闭锁保护装置，采用电机主传动、液压推进的工作方式。钻具部分可安装 2 个、3 个或 4 个钻头。每个钻孔宽度可从 1.14m 调整到 2.77m，使它的效率和煤炭资源回收率得以提高。钻具后边采用双螺旋杆推进，较好地解决了水平控制问题。在钻机推进过程中，螺旋叶片将通风喷水系统带入钻孔内，使孔内的瓦斯浓度和粉尘量达到安全标准。该设备附带有起重运输装置，使钻杆安装和

拆卸工作实现了机械化度，提高了设备的有效利用率。

B. 回采工艺

螺旋钻采煤是一种最简单的薄煤层回采方法，它不需要回采工作面。从已开掘的平巷中，用螺旋钻机向巷道两侧的煤层中钻进。在钻进过程中螺旋叶片将煤带出钻孔，装入顺槽运输机内向外运出。开采煤层的顶板可靠钻孔间留的小煤柱维护或者使螺旋钻机反转，由螺旋叶片将矸石带入钻孔内，充填钻孔支撑顶板。

钻孔布置，既可以在上（下）山内沿煤层走向向两侧钻采，也可以在平巷内沿煤层倾斜方向向上、下两侧钻采。从回采巷道向两侧钻采宽度（孔深）一般各为 40m 左右，即回采条带的宽度为 80m。

③ 连续采煤机房柱式采煤法

连续采煤机主要应用在美国、澳大利亚和南非等国，对开采薄煤层具有良好的技术经济效益。国内外使用连续采煤设备时，其采煤方法大致可分为两大类：一种为典型的房式、房柱式和巷柱式等传统的采煤方法；另一种是壁式和柱式相结合的新型采煤法，如"汪格维利"采煤法、"西格玛"采煤法等。连续采煤法的最大特点是采掘合一，边掘边采，利用煤柱作为临时或永久支护支撑顶板，煤柱在回采过程中可以部分或全部回收。连续采煤的主要设备为连续采煤机、梭车、转载机、带式输送机和锚杆机。这些设备配套在一起，形成了破、装、运、支等工艺过程全部机械化。

连续采煤机开采薄煤层是一种有效的方法之一。尤其是在采区地质构造复杂、无法布置综采和普采长壁工作面时，这种采煤方法更有它的优越性。使用连续采煤机的限制条件是开采煤层倾角小于 12°，顶底板中等稳定以上的低瓦斯矿井。

④ 自动化刨煤机工作面

在美国和德国薄煤层采用了刨煤机与带有电液系统液压支架相配套实现程序控制的自动化工作面，其工作面基本实现无人或少人，高产高效，产量可达 3000t/d。

铁法小清矿刨煤机综采技术的试验成功，为薄煤层工作面实现高产高效提供了一条新的途径。铁法矿区小清矿薄煤层比例占储量的 73.75%。2000 年煤科总院北京开采所与北京煤矿机械厂联合研制成功薄煤层支架，配合德国 DBT 公司的电液控制系统和刨煤机，在铁法煤业集团小清煤矿试验成功了国内第一个薄煤层全自动化刨煤机工作面。

（3）薄煤层采煤工艺的发展方向

由于薄煤层开采具有高度小、顶板压力小的特点，决定了薄煤层采煤工艺的发展方向。

① 提高长壁工作面自动化程度

由于薄煤层工作面内作业困难，所以应提高薄煤层工作面采、支、运工序的自动化程度，减少工作面内的操作人员。薄煤层工作面刨煤机落煤比采煤机落煤易于实现自动化。由计算机控制的定量割刨煤机与带有电液系统的液压支架配套，实现工作面自动化采煤是重要的发展方向之一。

② 发展无人采煤

发展工作面无人采煤是开采薄煤层（尤其是 1.0m 以下的薄煤层）不可忽视的技术方向，如采用螺旋钻采煤工艺、短壁工作面钢丝锯采煤工艺和刮斗刨煤机采煤工艺等。这些采煤工艺中人员不进入工作面，而在巷道内作业，且具有安全条件好和工艺简单等优点。但无人采煤往往要求采用无支护的顶板管理方法。

③ 采用煤柱支护法管理顶板

许多无支护的无人采煤工艺，均采用煤柱支撑法管理顶板。但近年来，国内外越来越多地采用各种方法回收煤柱，即采用煤柱支撑顶板，形成工作面无支护无人开采的条件。采煤后，仍用无支护的无人采煤工艺（如螺旋钻采煤法）回收煤柱。

④ 采用局部充填法和缓慢下沉法管理顶板

与中厚煤层开采相比，薄煤层开采局部充填的优点相对增加。所以局部充填法也是一个有发展前途的采煤技术。开采薄煤层，尤其是 0.8m 以下的煤层，随着开采厚度的减少和工作面推进速度的提高，不仅可以实现有支护的顶板缓慢下沉，而且可以实现无支护的顶板缓慢下沉。

⑤ 采用轻型支架和气垛支架

薄煤层工作面支架的运入和运出，支架作业都较困难。由于薄煤层开采顶板压力小，所以允许采用轻型支架，如轻型液压支架、气垛支架等。气垛支架投资少，维修费用低，安全状况好，且易于实现大倾角煤层自移气垛支护，有较好的发展前景。

3. 提高放顶煤开采回采率技术

综采放顶煤开采最早起源于欧洲。虽然目前在国际上应用较少，但是针对中国厚煤层开采却表现出了良好的适应性。近年来，综采放顶煤开采的高产高效特征使该采煤方法在我国得到了广泛推广，这种开采技术以其技术先进、投入少、消耗少、效率高、安全性好的五大特点将厚煤层开采的储量优势转化为经济优势，目前已成为中国高效矿井建设和采煤方法升级改造的技术途径之一。随着综采放顶煤开采在中硬煤层、三软煤层、较薄厚煤层中的推广和普及，在"两硬"条件、埋藏小于 200 米浅埋深、硬顶、硬煤条件下综采放顶煤开采也将得到推广。兖州兴隆庄煤矿就是利用综采放顶煤开采先进技术成功的范例。

（1）影响放顶煤开采回采率的主要因素

① 设计煤量损失

A. 采区区间煤柱煤量损失。厚煤层开采由于防止煤层自燃发火，同时为充分发挥放顶煤设备的优势，降低事故率，留设区间煤柱是不可避免的。

B. 采区区段煤柱煤量损失。为防止邻区段自燃发火，减少工作面漏风量，合理使用工作面设备，提高设备可靠性，采区区段间一般留设区段煤柱。

C. 断层煤柱煤量损失。厚煤层开采，尤其是 π 型钢梁放顶煤一般布置在地质构造复杂、走向短、可放性好的块段。为确保巷道的支护强度和采场的安全程度，留设断层煤柱是必需的，也是必要的。

② 放煤工艺煤量损失

A. 初采和末采煤量损失。为防止顶板垮落对采煤工作面造成的威胁，我国一般切眼至工作面走向 5～10m 范围内不放煤。为确保工作面收尾支架稳定，工作而安全，收尾时一般距停采线 5～10m 不放煤。

B. 放煤步距不合理造成煤量损失。放煤步距太大，上部的矸石首先到达放煤口，在采空区侧将留有较大的三角煤，放不出来；若放煤步距太小，后方矸石易混入放煤口，影响煤质，并容易误认为煤已放尽，停止放煤，造成上部顶煤丢失。

C. 放煤方式不合理造成煤量损失。放煤方式主要包括放煤顺序和一次顶煤的放出量。放煤方式不合理，将造成脊背煤煤量损失。

D. 端头放煤煤量损失。端头放煤工艺较复杂，易造成工作面两端维护困难，为维护工作而两端出口处的顶煤稳定性，普遍采用工作面两端头 3～5m 不放顶煤。

③ 管理不善煤量损失

A. 选择可放性较差的煤层放顶煤造成煤量损失。适合放顶煤开采的煤层普氏硬度系数 f＝0.8～1.4。如煤层层节理发育,煤层软化工作到位,煤层硬度范围可扩大至 f＝1.8。如为提高单产,主观臆断把煤层层节理不发育,煤层普氏硬度系数 f＞1.8 的煤层也进行放顶煤开采,势必造成软帮形成大煤块,放不出煤,造成煤量损失。

B. 工作面丢失底煤,丢浮煤造成煤量损失。工作面有时无标志层,管理不到位,工作面造成漂底,丢底煤。工作面浮煤扫不净,丢浮煤,从而造成煤量损失。

(2) 提高放顶煤开采回采率的主要途径

① 合理留设采区区间煤柱、区段煤柱

A. 根据煤层赋存条件,地质构造和现有采煤配套设备,适当加大工作面推进长度,相对减少区间煤柱。综采放顶煤工作面连续推进长度不宜小于 800～1000m。

B. 根据煤层可放性及其赋存条件(煤层厚度、煤层硬度、煤层倾角、顶板条件、地质构造、自燃发火、瓦斯)和采煤配套设备可靠性,在作业人员技术管理熟练程度提高的前提下,可适当加大工作面长度。我国一般以 130～200m 较为合理。

C. 目前我国应用放顶煤采煤法多留设 15～20m 区段煤柱,严重影响采区回采率。应大力推行沿空掘巷技术,做到综放开采无区段煤柱,或采用留设 6～8m 小煤柱。目前,许多矿区已普遍实行了综放开采无煤柱护巷技术,徐州矿区、新汶矿区采用区段小煤柱,均取得了较好效果。

② 加强地质技术管理,优化采区设计

π 型钢梁放顶煤工作面一般布置在地质构造复杂,煤层厚度变异系数较大,煤层具有可放性的区域。要确保提高回采率,在开采前,必须查清煤层地质构造情况,科学合理地优化采区设计方案和巷道布置方式。除合理留设煤柱外,最大限度地将巷道布置在断层带旁,尽量减少断层影响煤量损失。而且越靠近断层,煤层受断层影响煤质越松软,可放性越好,从而提高回采率。

③ 加强放顶煤工艺管理

加强放顶煤工艺管理,最大限度地提高工作面内顶煤回采率,是提高煤炭回采率的重要途径。

A. 加强初采和末采放煤管理。综放工作面或 π 放工作面应做到工作面推出切眼后,做到及时放煤,这样做不仅有效地提高了煤炭回采率,而且对顶煤的冒落也是有利的。对于末采,在保证采场支架稳定的情况下,最大限度地缩小不放顶煤范围，一般距停采线 3m 不放煤。

B. 确定合理的放煤步距。确定循环放煤步距的原则是，应使放出范围内的顶煤能够充分破碎和松散，并做到提高回采率，降低含矸率。放煤步距的大小应根据顶煤厚度、煤层硬度而定。顶煤厚度一般以 6～10m 为宜，通常以一采一放较为合理。

C. 科学合理地确定放煤方式。放煤方式不仅对工作面煤炭回采率、含矸率影响较大，同时还影响到总的放煤速度、正规循环的完成及工作面能否高产，它是放煤工艺的关键因素。

D. 采用端头支架。综放要解决端头不放顶煤，必须采用端头支架。在兖州矿区推广使用 ZTF5400—22/32 型端头放顶煤支架，使工作面煤炭回采率提高 2%～3%。

④ 严格工作面管理

工作面设专门放煤质量监督员，严格监督放煤情况，丢底煤情况。做到软帮煤必须放净。工作面不丢底煤，没有浮煤，从而提高放顶煤开采回采率。

4. "三下"采煤技术

在煤矿生产过程中，一般都在建筑物下、铁路下、水体下保留煤柱不采，这不仅造成大量煤炭资源的积压，而且造成矿井不能合理进行开采，尤其是埋藏深、煤层层数多的矿区，压煤量相当惊人。随着煤炭资源的不断开发和开采技术的不断提高，"三下"采煤技术得到了迅速的发展，已由在个别建筑物及小型水体下开采，发展到能在大片建筑群和大面积水体下开采；由只能用充填法开采，发展到能用陷落法开采；由用条带法、房柱法开采，发展到全面开采；由建筑物下单个工作面的小块回采，发展到阶梯状多个工作面的大面积全柱回采；由按上下层顺序开采，发展到择优开采。

(1) 建筑物下采煤技术

① 建筑物下采煤必须具备的基本条件

建筑物下采煤对建筑物必须产生一定的影响。建筑物受开采影响的破坏程度取决于水平变形值的大小和建筑物本身抵抗变形的能力。因此，进行建筑物下采煤时，必须按开采设计并利用地表移动和变形参数资料进行地表移动和变形预计，掌握地面建筑物的现状，预计可能遭到的破坏程度。

② 建筑物下采煤可采取的技术措施

A. 在密集建筑群或重要建筑物下开采，并难以在采前对建筑物采取加固措施时，可采用长工作面或多个工作面联合开采的全柱式开采方法或合理布置工作位置、开采边界，使建筑物位于下沉盆地中央部位，减小开采边界附近地表变形。

B. 高敏感建筑物下开采时，可采用条带开采或水砂充填、矸石充填等方法管理顶板。应遵守下列规则：a）任一条带煤柱应有足够的强度和稳定性，足以支撑下覆岩层的载荷；b）采出条带宽度应限制在不使地表出现波浪形下沉盆地；c）当开采近距离煤层群或厚煤层分层时，各层的保留条带煤柱应上下对齐，尽可能不在条带煤柱中穿切巷道；d）对坚硬的直接顶板不易冒落时，应采取强制放顶，使条带煤柱处于三向应力状态；e）近距离煤层或厚煤层分层开采，采用充填法管理顶板时，应采用上行开采顺序。

C. 在特别重要的建筑物下采煤时，可采取限制煤层或分层采高的措施，或减少开采煤层或分层层数等方法。在建筑物下采煤时，在回采区应尽可能干净回采。必须残留煤柱时，煤柱的宽度应尽可能小。

（2）水体下采煤技术

① 水体下采煤的条件要求

水体下采煤的条件要求是：开采后受影响的采区和矿井涌水量不超过其排水能力，不影响正常生产。因此，当开采煤层上覆水体时，必须留设安全煤岩柱，确定允许的开采上限标高。安全煤岩柱应按煤层上覆水体的类型不同，按下述要求留设。

A. 当开采煤层上方地表直接为湖泊、江河等水体，不允许导水裂缝带波及水体，必须留设防水安全煤岩柱。

B. 当开采煤层上方地表为松散弱含水层或是已疏降的松散强含水层时，允许导水裂带波及这类水体，但不允许冒落带接近它。这时，可留设防砂安全煤岩柱。其高度应大于或等于冒落带高度加上保护层厚度。

C. 开采煤层上方地表为松散弱含水层或是疏干的松散含水层，当允许冒落带接近松散层底部时，可留设防塌煤岩柱，其高度应近似等于冒落带高度。

② 水体下采煤的主要开采技术

A. 当开采倾角小于 55° 并只留设了防砂安全煤岩柱（或防塌煤岩柱）的厚煤层时，应采用倾斜分层长壁式采煤方法，并尽可能减少第一、二分层的采高，增加分层之间开采的间歇时间。

B. 当开采倾角为 55°～90° 的煤层时，应采用分小阶段间歇回采措施，同时加大回采工作面的走向长度。第一、二小阶段的垂高一般应不大于 20m。回采时严禁超限开采。如煤层顶底板岩层坚硬不易冒落时，宜采取强制分段切断顶底板的措施，以防抽冒、切冒。

C. 在地表面水体、石灰岩岩溶水体或强含水层下采煤时，应在开采水平、采区之间留设隔离煤柱或建立可靠的防水闸门（墙），适当地加大排水能力和容量。

D. 在水体下采煤时，应对受水威胁的工作面和采空区的水情加强监测，对水量、水质和水位动态等进行系统观测及时分析；对采区周围井巷、采空区及地表的积水区范围和可能发生的突水通道作出预计，采取相应的措施，正确选择安全避灾路线。

E. 在采空区积水和基岩含水层下采煤，或可能遇到充水断层破碎带时，应采用巷道、钻孔或巷道与孔结合的方法先探放、疏降水后开采。

（3）铁路下采煤技术

① 铁路下采煤必须具备的基本条件

铁路下采煤的原则是：不影响列车的安全运行和采煤的安全进行。因此，在各项指标符合"有关规定的采深与分层单层或分层的采厚、铁路等级"的要求。或本矿有成功的经验和可能的数据时，方允许在铁路下采用全面陷落法进行采煤或试采。但冒落带的高度必须小于基岩厚度，开采倾斜煤层时，如果铁路横过煤层露头或附近应采取相应措施，保证地表不出现下沉。

② 铁路下采煤在地面应采取的安全措施

A. 成立维修队伍，专门负责这一区段线路的维修工作。准备充足的维修材料尤其是道砟和轨枕。

B. 按地表移动和变形预计结果加宽路基，以便及时填下沉路基，保持其稳定性。采前，要加强线路上部建筑，使线路状况符合《铁路工务规则》的要求，并在预计移动较大区段增设防爬器、轨距拉杆或轨撑。

C. 开采后，加强对线路的巡视和移动观测，及时采取顺坡、起道、拨道、调整轨距和轨缝等措施，消除线路局部失格处所，使线路状态均能达到《铁路工务规则》的要求。

D. 当线路下沉速度较快一次起道量较大时，应按铁路部门的规定，设置减速或停车信号保护。

E. 地表移动稳定后，应按铁路部门的规定对线路最后进行一次纵、横断面整治。

6.2.2　清洁采煤方法及生产工艺

1. 充填采煤技术

在煤炭地下开采的生产过程中，为了提升、运输，通风等需要，在矿井中掘凿了许多为生产所必需的巷道，同时排出大量的掘进矸石。这些矸石通过提升、运输等环节被排到地面，年深日久形成矸石山，严重污染大气、土壤、水体，有时还会造成大灾害。同时，地下开采也造成严重的开采沉陷，对地面设施造成破坏，引起建筑物、铁路、公路、其他道路、桥梁、管线、供电和通信系统破坏，地表防洪、蓄水设施等破坏，严重时还会导致局部地区的水旱灾害。开采沉陷使山区风化表土层错动、滑移，水土流失加剧。山区开采沉陷会引发滑坡和泥石流，就是在平原，开采沉陷对矿井本身安全也会造成威胁，如水、沙溃入井下。浅部开采急倾斜煤层或厚煤层形成的漏斗状沉陷坑或台阶状断裂可突然出现，造成的损害猝不及防。

充填采煤技术利用井下或地面煤矸石、粉煤灰等物料充填采空区，达到控制岩层运动及地表沉陷的目的。煤矿生产过程中产生的大量矸石在地面长期堆存，不仅占用土地，而且还排放大量有害气体，严重影响周边环境。此外，矸石作为矿井废弃物外排，在运输和提升过程中，还需要消耗大量设备、电力资源。为从根本上解决地表塌陷和矸石堆存问题，利用充填采煤技术，不仅实现了矸石不升井，消灭了矸石山，置换出煤炭资源，保护环境、节约土地，而且可以避免地面塌陷，保护土地资源。此外，利用充填采煤技术提高了矿井安全保障程度，实现了矿区水系的保护，从根本上改变矿山的生态环境，从而改变煤炭矿山的社会形象。

充填采煤技术主要应用于煤矿"三下"采煤，也可应用于非"三下"采煤工作面采空区充填。充填开采的方式有两种：即掘进巷道充填（条带式开采）和长壁工作面采空区充填开采；充填介质有矸石、混凝土及其混合物、粉煤灰、新材料、黄土等。

（1）巷道矸石充填技术

巷道矸石充填的总体工艺流程为：掘进矸石经矿车运至轨道大巷，再转运到上部车场，由推车机、翻车机卸到矸石仓中，经破碎的矸石直径≤150mm，然后由给煤机转到充填巷皮带机上，运输到充填巷皮带机的卸载部分，改由充填抛射机进行抛射充填，完成矸石的巷道内充填，迎头矸石在较干燥的情况下边充填、边洒水，以利于矸石堆集。

充填技术工艺流程方法是巷道充填技术的关键，自移式矸石抛矸机是实施矸石充填的关键设备。目前确定巷道充填的最佳工艺流程是矸石充填抛矸机直接充填和高压泵巷道注浆充填的相结合。

巷道中采出的是实体煤，充填的矸石是松散的，如何把松散的矸石充满整个巷道，怎样提高密实度，与选择充填方式密切相关，可采取了如下措施：

① 充填巷道尽可能布置成下山俯填。为了防止巷道变形的影响，应坚持快速掘进、快速充填；

② 充填时尽量采取措施，充满充实，采用高压注浆泵实施巷道注浆，以提高充实度，尽量减少地表移动变形影响；

③ 为避免相邻巷道掘进顶板应力过分集中，扰动已有巷道产生过量变形，影响实际充填效果，实际掘进时应选择合理的巷道布局和掘进、充填顺序；

④ 加强管理，加强巷道形变、充填密实度、矿压及地面观测：当开掘 5~8 条巷道后，地面建立观测站，实施动态、长期观测。

（2）综合机械化固体充填采煤技术

综合机械化固体充填采煤技术是将地面矸石与粉煤灰混合后通过投料钻孔投放到井下，并采用胶带输送机将其运送到充填开采工作面的采空区，通过研制矸石与粉煤灰自夯式充填开采液压支架、充填开采输送机等配套设备实现矸石与粉煤灰的采空区充填。

该项技术机械化程度高、易于搬家，可广泛应用到开采地质条件复杂、构造断层多、几何形状不规则和块段储量小的场合。相比传统综采，矸石与粉煤灰直接充填采空区可大大降低垮落带和裂隙带高度，可大大减弱工作面矿压显现，工作面没有出现明显的初次来压与周期来压现象。

建筑物下综合机械化充填采煤技术革新了煤矿传统采煤方法，特别在充填材料投料设计、充填开采工艺设计与配套设备研制方面，主要特点是将地面矸石与粉煤灰等固体废弃物通过大垂深投料井运至井下进行综合机械化充填采煤，实现了运用固体废弃物充填方式进行建筑物下采煤，提高了回收率，形成了一种井下采煤新的方法。

（3）膏体充填采煤技术

膏体充填工艺是一种新的充填采矿技术，它是把煤矿附近的矸石、粉煤灰、炉渣、劣质土、城市固体垃圾等在地面加工成不需脱水的牙膏状浆体，利用充填泵或重力作用通过管道输送到井下，采出煤炭资源后，适时充填采空区，有效控制地表沉陷的采矿方法。

该技术主要包括：矸石膏体充填材料及配比、矸石膏体充填系统及工艺、膏体充填综采工艺、矿山压力显现规律、地表移动变形监测等。

技术关键是通过充填支架、矸石膏体充填综采的工业性试验，根据矿井的具体实际，现场观测，找出和总结有关数据。如充填支架的支护强度、适应性、地表下沉量控制，主要技术经济指标等。

在充填留巷时，巷道变形不大，也不剧烈，留巷效果良好，这说明充填开采时工作面的超前支撑压力不大。矸石膏体充填综采技术能使煤炭开采安全可靠，提高煤炭回收率；提高煤炭的生产能力和经济效益。

（4）超高水充填采煤技术

超高水材料充填采煤技术是在研究我国煤炭资源赋存状况及开采现状的基础上，从提高煤炭资源回收率、减少矿区环境污染与生态破坏的角度出发，综合运用材料科学、采煤学、流体力学等基本原理与方法，通过实验室试验，形成的研究利用超高水充填材料进行充填开采的新技术、新工艺与新方法。

2. 保护水资源开采技术

煤炭开采过程中，水资源的破坏问题十分突出。煤矿开采破坏了地下含水层的原始径流，大量排出地下水；采空区上方导水裂隙带与地下水体贯通，形成大规模地下水降落漏斗，造成区域含水层水位下降，直接影响到区域水文地质条件；开采影响稳定后产生的地表沉陷往往影响到地表水体的原始形态，造成部分沟泉水量减少甚至干涸，影响当地居民正常的生产、生活，进而影响区域植被生长，甚至土地沙漠化。

保护水资源开采技术是研究在煤矿开采后上覆岩层的破断规律及地下水漏斗的形成机理，各种地质条件下岩层活动与地下水渗漏的关系，从开采方法、地面注浆等方面采取技术措施，实现矿井水资源的保护和综合利用，使煤矿开采对矿区水文环境的破坏达到最小化。

（1）矿井水的控制

矿井主要充水因素有：煤层底板递进导升突水、构造导水、陷落柱突水等。对于底板突水的控制主要采用的是底板注浆加固技术。突水注浆是在水量大、水压高、流速快的条件下进行注浆，采用特殊的施工工艺。注浆效果如何，直接关系到开采的安全，为了检验注浆的效果，采用音频电透视技术在注浆前的位置进行探测。目前陷落柱治理方法主要是：井下探查定位确定靶区、地面注浆、井下检查井上下相结合注浆；地下水温度异常时陷落柱的带温带压治理方法及配方；地面树形分支钻孔、浆液控制技术措施。通过底板注浆和地面注浆，对底板状态和陷落柱内部结构进行了改造，注水效果显著，工作面实现了安全保水开采。

（2）地下水回灌技术方法

地下水回灌方法主要有地面入渗法和管井注入法。其中管井注入法不受地形条件限制，也不受地面弱透水层分布和地下水位埋深等条件的限制，且占地少、水量浪费少是值得推广的一种新技术方法。该方法是补给水源通过钻孔、大口径井或坑道直接注入含水层中的一种方法。地下水回灌的水质必须满足一定的要求，微生物学质量、总无机物量、重金属、难降解有机物及有毒有害物质等主要控制参数必须符合相关标准。回灌水质的选取应根据回灌地区水文地质条件、回灌方式、回灌用途、地层的净化能力等影响因素。

3. 选择合适的采煤方法和生产工艺

煤炭在生产过程中将产生大量的废气、废水、废渣，对矿区周边环境产生严重污染，而采用何种采煤方法和生产工艺，则直接影响着清洁生产和环境污染，要坚持"安全、清洁、高效、低耗、高回收率"的原则，正确选择有利于煤的清洁生产的采煤方法和生产工艺。

（1）厚煤层一次采全高技术。对于煤层厚度在 2.5m 以下的，可以采用单一长壁采煤法一次采全高的采煤方法，这种方法能减少巷道准备工作量，降低原煤含矸率，提高工作面的产量和效率。对于厚度在 5.0m 以下的煤层，只要地质条件和生产条件允许，都可以选用一次采全高的采煤方法。对于厚度在 5.0m 以上的特厚煤层，可选用放顶煤开采技术。近些年，我国放顶煤开采技术发展较快，此技术简化了特厚煤层的开采工艺，实现了煤层一次采全厚，达到清洁生产高产高效，技术经济效益显著。

（2）煤岩分层分采技术。当煤层中夹石层厚度超过 0.3m 时，应实行煤岩分层分采。采用爆破落煤工艺，先采出夹石层上部的煤炭，并及时架设临时支柱护顶，接着再剥采夹石层用作填充采空区，最后采出下部煤炭，架设永久支架控顶。这种方法能有效防止矸石掺入煤中，降低含矸率，减少污染，提高原煤质量。

（3）宽巷掘进、矸石充填技术。宽巷掘进用于薄煤层的采准巷道，在半煤岩巷掘进时，开掘的宽度可大于巷道宽度，掘出的矸石用于填充巷道一侧或两侧的支架壁后。这不仅实现了煤岩分掘分运，而且矸石不出井就地利用，达到清洁生产效果。

（4）沿空留巷技术。沿空留巷即无煤柱开采，既降低了巷道掘进率，又减少了巷道掘进工程量和掘进费用，缩短工期减少成本，还相应减少了矿井的排矸量，也减少了矸石混入原煤中的几率，工程技术经济效益显著。

6.2.3 煤炭地下气化技术

煤炭地下气化是集绿色开采与清洁转化为一体的洁净能源技术，是将固体煤层通过燃烧热化学作用就地转化为流体煤气的化学采煤方法，是地下煤制气生产化工合成原料气的煤化工先导技术，是大规模、低成本、环保型的地下煤水气化制氢工程的高新技术。如新汶矿业集团的煤炭地下气化是从造气到应用成功的产业化示范工程，达到国际领先水平。因煤炭地下气化后灰渣留在地下，极大地减轻了矿区地面塌陷，并杜绝煤矸石、废水排放，减轻了环境压力；此技术还可以集中方便地脱除煤气中的焦油、硫分等有害物质，为国家规定不准开采的高硫高灰劣质煤寻找到广阔的市场，可大大提高煤炭资源回收利用率，使传统工艺难以开采的边角煤、废弃煤柱得以回收，使受高温、高压威胁而放弃开采的深部煤、"三下"压煤得到很大程度的解放；与地面煤炭气化工艺相比，它省掉气化发生炉等设备设施，产量大幅提高，成本大幅降低。

1. 煤炭地下气化的原理

要想实现煤炭地下煤气化，要先从地表沿煤层相距一定距离开掘两条倾斜的巷道，然后在煤层中靠下部用一条水平巷道将两条倾斜巷道连接起来，被这样三条巷道所包围的整个体柱，就是将要气化的区域，称之为气化盘区，或称地下发生炉。

最初，要在水平巷道中用可燃物质将煤引燃，并在该巷形成燃烧工作面。这时从一条斜巷鼓入空气，空气通过燃烧的工作面，与煤产生一系列的化学反应后，生成的煤气从另一条倾斜的巷道排出地面。

随着煤层的燃烧，燃烧工作面逐渐向煤层上方移动，而工作面下方的采空区被烧剩的煤灰和顶板垮落的岩石所充填，只保存一个不大的空间供气流通过。这种有气流通过的气化工作面被称为气化通道，整个气化通道因反应温度不同，可以分为：燃烧区、还原区、干馏区和干燥区 4 个区。

（1）燃烧区。在气化通道的起始段长度内，煤中的碳和氢与空气中的氧结合燃烧，生成二氧化碳和水蒸气。在化学反应过程中同时产生大量热能，温度达 1200℃～1400℃，致使附近煤层炽热。

（2）还原区。高温气流沿气化通道向前流动到达还原区，这里温度为 800℃～1000℃，二氧化碳与赤热的煤相遇，还原为一氧化碳。同时空气中的水蒸气与煤里的碳起反应，生成一氧化碳和氢气以及少量的烷族气体。

（3）干馏区。经过还原区的气流温度逐渐降低到 400℃～700℃，以致还原作用停止。此时燃烧中的碳就不再进行氧化，而只进行干馏，放出许多挥发性的混合气体，有氢气、瓦斯和其他碳氢化合物。

（4）干燥区。干馏区之后是干燥区。混合气在此干燥，最后在出口处得到的就是煤气。燃烧工作面沿煤层不断向上移动，使气化反应不断地进行，这就形成了煤炭地下气化的全过程。在气化通道内生成气体的过程中，煤层的土攘岩层逐渐塌落，但塌落和熔化的顶板岩石通常不会完全堵死气化通道，利用鼓风压力一般可使风流到达其反应表面。通常燃烧 1kg 煤约产生 $3～5m^3$ 左右的煤气。

2. 煤炭地下气化方法

煤炭地下气化方法通常可分为有井式和无井式两种。

所谓有井式地下气化法即如前所述，就是从地表沿煤层相距一定距离，开掘两条倾斜巷道，然后在煤层中靠下部用一条水平巷道将其贯通，形成气化盘区。有井式气化法需要预先开掘井筒和平巷等，其准备工作量大，成本高，坑道不易密闭，漏风量大，气化过程不稳定，难于控制，而且在建地下气化发生炉期间，仍然避免不了要在地下进行工作。

无井式地下气化是应用定向钻进技术，由地面钻出进、排气孔和煤层中的气化通道，构成地下气化发生炉。此法用钻孔代替坑道，以构成气流通道。避免了井下作业，使煤炭地下气化技术有了很大提高，目前已在世界上被广泛采用。

6.2.4 巷道布置及掘进技术

1. 矿井清洁生产的整体规划

要实现矿井清洁生产，就必须在矿井开发之前，对如何改善煤炭生产环境和清洁生产，作一个整体的规划，进行全面安排。要根据国家和行业有关环境保护的法律、法规及标准，就如何减轻煤炭生产对矿区周边的环境污染问题，在总体设计时如何加强煤的洁净生产做出详细的评述。在矿区规划和设计中有关清洁煤生产的内容要实行严格审查，不符合清洁煤生产的设计和规划，不予批准，确保减轻对周边环境的污染。

2. 改革巷道布置、减少岩石巷道掘进量

井下巷道布置要在满足安全生产的前提下，遵循"多掘煤巷、少掘岩巷"的原则，从源头上减少井下矸石的排放量，消除煤矸石污染，改善矿井环境。减少岩石巷道掘进量的措施有：①采用全煤巷开拓方式，即所有开拓巷道都布置在煤层中。②尽量利用自然边界作为划分矿井和采区的边界，开拓巷道沿自然边界掘进，采区内要避开地质构造，以利于掘进和回采时少破岩而减少矸石量。③取消采区岩石集中巷，用煤层集中巷取代岩石集中巷，不仅在技术上和经济上都能取得良好效益，又能减少矸石排出量，降低劳动强度，提高掘进速度。④实行搭配开采方案，在多煤层、多煤种的条件下，要合理确定开采顺序，充分考虑煤层搭采方案，注意不同厚度煤层、不同煤种煤层的搭配开采，避免出现压茬现象。

3. 优化采区巷道布置

（1）优化采区巷道布置

为降低巷道数量，进行洁净生产，减少矿井污染，在开采近距离煤层群时，应采用采区巷道联合布置方式。采区上山和采区巷道均布置在下部煤层中，形成运煤、运矸、运料、通风、排水等生产系统。上部的煤层通过区段石门和溜煤眼与下部煤层中的巷道相联系，首先在上煤层布置区段平巷和采煤工作面，即可进行煤炭开采，同时下部煤层上的所有巷道也为本煤层开采服务。采区巷道联合布置方式，大大减少了巷道掘进量和维护量，缩短了工期，降低了成本，提高了经济效益，为煤炭清洁生产奠定了基础。

（2）推行无煤柱护巷

无煤柱护巷技术，从根源上消除出矸量，直接实现洁净生产，对于提高煤炭资源回收率，降低巷道掘进率，消除煤柱丢煤而引起的井下灾害，具有十分重大的意义。无煤柱护巷包括沿空掘巷技术和沿空留巷技术。①沿空掘巷技术就是紧沿采空区掘出回采巷道，在新掘巷道与采空区之间需留3～5m的窄煤柱，目的是防止采空区窜矸或采空区积水和有害气体进入新掘巷道。沿空掘巷可提高煤炭资源回收率，减少煤柱损失，还可以避开顶板压力的高应力区，使巷道位于应力降低区，有利于巷道围岩的稳定。②沿空留巷是指工作面回采过后，把为上区段工作面服务过的一条巷道保留下来，再为下区段工作面服务。这样一条巷道可为二个工作面服务，大大减少了巷道掘进工程量，缓解了采掘接替的紧张关系，也实现了无煤柱护巷即提高煤炭资源回收率的目的。

无煤柱护巷技术是煤矿开采及巷道布置技术的一项重大改革。采用无煤柱护巷技术，可以改善采掘关系和减少巷道维护量，延长采区及开采水平和矿井的寿命，降低巷道掘进率，提高采区回收率，技术经济效益明显。无煤柱护巷技术还有利于消除因煤柱存在而引起的灾害及不利影响。

6.3 煤炭开采伴生物资源化技术

6.3.1 煤矸石的资源化技术

煤矸石是煤炭开采和加工过程中排放的废弃物，主要有三种类型：煤层开采产生的煤矸石，由煤层中的夹矸、混入煤中的顶底板岩石如炭质泥（页）岩和粘土岩组成；岩石巷道掘进（包括井筒掘进）产生的煤矸石，主要由煤系地层中的岩石如砂岩、粉砂岩、泥岩、石灰岩、岩浆岩等组成；煤炭洗选时产生的煤矸石（即洗矸），主要由煤层中的各种夹石如粘土岩、黄铁矿结核等组成。煤矸石产出量一般要占到煤炭产量的 10% 左右，约占全国工业废渣排放量的 1/4。

1. 煤矸石对环境的影响

以前较长的一段时间内，煤矸石在采煤、选煤过程中只有被剔除而丢弃，所以几乎所有的煤炭矿区的煤矸石都堆积如山。而且我国对煤矸石的治理思想从环境卫生角度考虑较多，而环境保护意识似乎还不够，处置方法是以消极的堆放保存为主。这种以堆贮为主的煤矸石治理方法付出的代价是相当大的，而且已经带来了诸多的社会和环境问题。

（1）占用大量耕地

土壤是很难再生的资源，地球上要形成 1cm 厚的土壤，需经 300～500 年的漫长岁月。中国是一个耕地资源非常紧缺的国家，人均耕地占有量只有 1.4

亩，仅为世界人均水平的 1/3，耕地资源十分宝贵，而随着煤矸石排放量的增加，占地面积还将进一步扩大。对于我国这样一个人多地少的国家而言，其前景不堪设想。所以，煤矸石的大量排放对社会和经济发展造成的影响已不容忽视，必须加快对煤矸石的综合利用。

（2）煤矸石山对环境的污染

煤矸石山对周围环境的污染主要表现在以下几个方面。

① 破坏自然景观。矸石风化物的矿物组成和化学成分与土壤接近，故多年后也能生长少量的植物。植物以草本为主，也有极少量的木本植物。生物生长一般都正常，但植被覆盖率较低，一般植物覆盖率仅 10%～30%，黑色地面大部分还是暴露的。在酸性较强的矸石山上就寸草不生。巨大且表面裸露的矸石山严重影响矿区自然景观，矸石山已成为煤炭矿区的不良标志。

② 形成扬尘。矸石堆积成山后，表面矸石半年至一年后会产生一层风化层，风化层约 10cm 左右，可十几年保持不变。随着时间推移风化层颗粒逐渐变细，原矸石都是较大的石块，经风化后，颗粒变小。颗粒由石块（5mm～10mm）逐渐风化成粗砾（2mm～5mm）、砂粒（0.5mm～2.0mm），以及更细的颗粒。因此，煤炭矿区在有风的天气情况下，常常形成扬尘。距矸石山越近扬尘越严重，如距矸石山 5m 处比 200m 处扬尘大 5～15 倍。扬尘与风速有一定的正相关，同风速下扬尘与颗粒细度有关。

③ 污染地表水和地下水。矸石山的风化物无粘结性，矿物颗粒可随降水而移动，风化物中某些成分可随降水进入水域。矸石中还含有多种重金属元素，如：铅、锡、汞、砷、铬等，可造成水污染，污染程度取决于这些元素含量和淋溶量。风化和自燃使矸石风化物由中性变酸性，酸性最强时，pH 可达到 3，由矸石山流出的水呈现酸性，对周围环境与水域会造成污染和影响。

④ 污染土壤。大气和水携带的矸石风化物细粒可漂撒在周围土地上，污染土壤，矸石山的淋溶水进入潜流和水系，也可影响土壤。

⑤ 地面高温。矸石一般呈黑色或红色，表面吸热极强，夏日中午矸石地表温度常可达 40℃，因此可使矿区气温增高。

⑥ 污染大气。因煤矸石主要由炭质页岩组成，其中还混有少量的煤和黄铁矿（FeS_2）等可燃物。而且矸石山上矸石大量堆积，体积大，着火点低；矸石堆置中产生的空隙为矸石自燃提供所需的氧气，这些内因和外因促使矸石的自燃。自燃时会弥散大量的 SO_2、CO 和 H_2S 等有害气体以及 NO_x、苯并芘等

有毒害的气体,大量 SO_2、NO_x,进入大气,是造成酸雨的源头之一。

综上所述,大力加强煤矸石的综合利用是保护环境、实施循环经济的必然要求。

2. 煤矸石的综合利用

(1) 煤矸石的农业应用

① 煤矸石有机复合肥

煤矸石一般含有大量的炭质页岩或粉砂岩、15%～20%的有机质以及高于土壤 2～10 倍、植物生长所需的 Zn、Cu、Co、Mo、Mn 等微量元素,因此经粉碎磨细后,按一定比例与过磷酸钙混合,加入适量活化剂与水,充分搅匀后堆沤、可制得新型农肥,该肥掺入 N、P、K 后,即可获得全营养矸石复合肥。它含有丰富的有机质和微量元素、吸收性好、适应性强、兼具速效和长效的特点,且加工简单、产品多样、成本低廉。

② 煤矸石微生物肥料

煤矸石和风化煤中含有大量有机物,是携带固氮、解磷、解钾等微生物的理想基质,因而可作为微生物肥料,又称菌肥。以煤矸石和廉价的磷矿粉为载体,外加添加剂等,可制成煤矸石微生物肥料,主要以固氮菌肥、磷肥、钾细菌肥为主。与其他肥料相比,它是一种广谱性的生物肥料,施用后对农作物有奇特效用。煤矸石菌肥生产工艺简单、耗能低、投资少、生产过程不排渣。

③ 煤矸石改良土壤

针对某一特定土壤,利用煤矸石的酸碱性及其中丰富的微量元素和营养成分,适当掺入一些有机肥,可有效改良土壤结构、增加土壤疏松度和透气性、提高土壤含水率,促进土壤中各类细菌新陈代谢、丰富土壤腐殖质、使土地得到肥化、促进植物生长。

(2) 煤矸石发电

采煤过程中排出的废弃物大多含有一定量有机质,可以利用煤矸石在沸腾炉中燃烧供暖或发电,燃烧后的灰渣可用以生产水泥等建筑材料。近年来,我国煤矸石发电方面进展很快,其兴起和发展是与我国流化床燃烧技术的开发与发展密切相关的,随着我国对鼓泡流化床、循环流化床、加压流化床、煤泥发电和油页岩发电锅炉等新技术的研究和开发,矸石发电创造了许多成功经验。

（3）生产建材原料

① 煤矸石水泥

煤矸石具有一定热值，其中 SiO_2、Al_2O_3 及 Fe_2O_3 的总含量在 80％以上，因此，不仅可作为水泥生料中 Si、Al 等组分的主要来源，还能释放一定热量。替代部分燃料。利用煤矸石生产水泥，废物用量大，生产成本低，应用前景可观。煤矸石硅酸盐水泥是以煤矸石代替黏土配制水泥生料，入窑燃烧制得水泥熟料后，再掺入一定量的自燃煤矸石和石膏磨细而成的。煤矸石火山灰水泥是以活性 SiO_2 和 Al_2O_3 含量较高的自燃煤矸石（或矸石渣）代替火山灰质材料，与水泥熟料，石膏共同磨细而成的。

② 矸石砖

煤矸石具有一定的可塑性，结合性和烧结性，经净化、均化和陈化等工艺加工处理后，可用于制砖。它可利用煤矸石自身的矿物成分和热量，配以适量的尾矿、石灰、灰渣等，按黏土砖的生产工艺加工而成，具有免烧、免蒸、加压成型、自然养护等优点。实践表明：矸石砖强度高、热阻大、隔音好、可降低建筑物墙体厚度，减少用砖量，同时由于矸石砖外观整洁，抗风化能力强，色泽自然，可以省去抹灰、喷涂等建筑工序，降低建筑和维护成本。

③ 煤矸石砌块

煤矸石混凝土砌块性能稳定，使用效果好，是一种新型墙体材料。实心砌块是以过火煤矸石为硅质材料，水泥、石灰、石膏等为钙质材料，按一定配比加水研磨、搅拌成糊状物，再加入铝粉发泡剂，然后注入坯模，待坯体硬化后切割加工，成型后送入蒸压釜，再用饱和蒸汽蒸压而成的；空心砌块，则是以自燃或人工煅烧的煤矸石和少量的生石灰、石膏混合磨细为胶结料，以破碎、分级后的自燃煤矸石或其他工业废渣为细骨料，按一定配比，经计量配料、加水搅拌、振动成型、蒸汽养护等工艺制成的。

④ 煤矸石轻骨料

含碳量低于 13％、SiO_2 质量分数在 55％～65％、Al_2O_3 质量分数在 13％～23％的碳质页岩和选煤矸适宜烧制轻骨料。它是一种容重轻、吸水率低、强度高、保温性能好的新型建筑材料，应用前景十分广阔。用煤矸石烧制轻骨料有成球法和非成球法。成球法是将煤矸石破碎、粉磨后制成球状颗粒，入窑焙烧。非成球法是将煤矸石破碎到一定粒度直接焙烧。用煤矸石烧制的轻骨料性能良好，可配制 200 号～300 号混凝土，适于作各种建筑预制件。

（4）生产化工产品

① 制备铝系产品

当煤矸石中的 Al_2O_3 质量分数达到 35％时，即可利用其中的铝元素，生产硫酸铝、结晶氯化铝、聚合氯化铝、氢氧化铝、铝铵矾、聚合氯化铝铁等 20 多种铝系产品。

② 制备硅系产品

煤矸石生产聚合氯化铝的硅渣中常含有大量 SiO_2，将其与 NaOH 反应就可制得水玻璃，该工艺可在常压下进行，操作简单、成本低、经济效益好、很有开发前景。此外利用煤矸石还可制白炭黑、聚硅酸铝混凝剂等多种产品。

③ 制备钛白粉

当煤矸石中 TiO_2 质量分数达到 7.2％时，便可用于制取钛白粉。其方法为：将生产白炭黑或水玻璃的残渣加入盛有硫酸的反应釜中，用压缩空气鼓泡搅拌，加热后冷却，抽滤洗涤后，将滤液浓缩，放入水解反应器内，在搅拌条件下加入总 Ti 量 10％的晶种，以蒸汽加热至沸，进行水解生成偏钛酸，然后冷却过滤，滤饼用 10％硫酸和热水洗至检不出 Fe^{2+} 为止，再进行漂白过滤，洗涤得纯净偏钛酸，送入回转炉进行脱水转化煅烧，经粉碎即得钛白粉。

（5）充填塌陷区

矸石充填是一种重要的复垦方式。利用煤矸石作为塌陷区充填材料，可大量地消耗煤矸石，这样可减少煤矸石对矿山环境的污染，在充分利用矿区固体废物的同时，解决塌陷地的复垦问题，因而具有一举多得的效果。

6.3.2 煤系共伴生矿产的资源化技术

1. 煤系高岭土的综合利用

（1）资源分布及特点

煤系高岭土主要分布在石炭纪、二叠纪、三叠纪、侏罗纪和第三纪的煤系地层中，层位稳定，分布面积广，储量丰富，大多是超大型（上亿吨）和大型矿床（上千万吨），尤其是华北石炭纪、二叠纪煤田中赋存于煤层顶、底板及夹矸中的高岭土泥岩，质量好，在大面积的范围内发育稳定、连续，高岭石矿物的含量一般在 90％～95％之间。有的甚至达到 98％，绝大多数以结晶有序的自生高岭石为主，厚度一般 10～50cm，在内蒙古、宁夏、陕西等地局部地区厚度达 1m 以上，分布数万平方公里，是优质的超大型高岭土矿床。

纯高岭石 Al_2O_3 的含量为 39.5％，SiO_2 的含量为 46.5％，煤系高岭土中 Al_2O_3、SiO_2 含量比较稳定，Al_2O_3 含量在 35.6％～39.5％之间，SiO_2 含量在 42.3％～46.5％之间、SiO_2/Al_2O_3（分子比值）接近于 2.0，说明高岭石化程度较高，矿物纯度也较高，与非煤系高岭土相比，其有害杂质铁、碳含量稍高，煤系高岭土伴生的矿物有石英、云母等，这些都是影响高岭石白度、纯度和性能的主要因素。

（2）煤系高岭土的加工利用

高岭土在许多领域内有着广泛的用途。煤系高岭土经粗选后可作为建筑材料、铸造型砂，经改性处理后可作为橡胶、塑料的填充料等，此外，煤系高岭土还可以用来提炼金属铝、合成 4Å 沸石、生产聚合氯化铝和白炭黑及铜版纸涂料。

① 合成 4Å 沸石

目前，国内洗衣粉普遍使用三聚磷酸钠作为助剂，由于该助剂对水有很大污染作用，并对人体有害，所以许多国家禁止使用，用煤系燃烧高岭土生产的 4Å 沸石可以替代三聚磷酸钠。燃烧后的高岭土有良好的活性，可溶于碱性介质，其中过炉母液及洗涤废液与适量烧碱配合返回合成 4Å 沸石。

在成胶阶段中，SiO_2/Al_2O_3 以及 Na_2O/SiO_2 的摩尔比对产品的质量有较大影响，在原矿选择及药品配比时应加以控制。成胶过程的温度、时间以及搅拌情况对 4Å 沸石的转化率也有较大的影响，应通过实验确定。

② 生产聚合氯化铝和白炭黑

聚合氯化铝主要作为絮凝剂，在生活用水的净化及工业废水的处理中都有较大的用量。白炭黑在橡胶、塑料工业中用做补强填充剂、涂料防沉剂、油墨增稠剂等。利用煤系高岭土生产聚合氯化铝、其化学反应过程分三步进行：①高岭土或燃烧高岭土熟料与盐酸生成结晶氯化铝；②结晶氯化铝分解析出一定量的氯化氢气体和水，变成粉末状碱或氯化铝；③碱式氯化铝加水聚合形成聚合氯化铝。将第一步反应过程中得到的残渣再进行反应，同时加入一些反应助剂，便可得到副产品白炭黑。

其工艺流程如下，将焙烧土与工业盐酸按一定比例（1：2.5 左右）在配料池中配成料浆，然后将浆料输入反应釜中，在 80℃～100℃下反应 6～8 小时，反应完成时输入贮存罐。将贮存罐中反应后的浆料导入板框压滤机中进行固液分离，液体进入第一存贮池中，固体应加入一定量酸和反应助剂，输入反应罐中再进行反应，反应完毕后再利用板框压滤机进行固液分离，液体进入第二存贮池，固体经洗涤、脱水、干燥、粉磨便得到白炭黑。洗涤液进行热解炉中热解，一定时间内使得到碱式氯化铝，最后将碱式氯化铝加入到含一定水的聚合釜中，均匀搅拌，至粘稠时放入池中固化，便得到聚合氯化铝。

③ 高岭土制备特种陶瓷材料

氮化硅（Si_3N_4）和赛隆（Sialon）是一种新型的高温高强结构陶瓷材料，因具有许多优良的物理性能，在一些尖端部门得到了广泛的应用。由于采用工业硅作为原料，成本高。从而利用廉价原料来生产已成为发展的必然趋势。由于对原料要求不十分苛刻，煤系高岭土则成为一种制备这类特种陶瓷的有发展前途的原料。其生产过程是：首先将洗选、煅烧后的高岭土粉碎到 100 网目以下，在有过量正己烷存在的条件下，分别与炭黑混合，放在 N_2 气中高温烧结（1500℃），高岭土起初被转化成为方石英和莫来石，然后被还原成 Si_3N_4、Sialon。

2. 煤系硫铁矿的综合利用

（1）资源分布及特点

我国煤系共伴生的硫铁矿资源丰富，全国 20 多个省、自治区都有分布。我国高硫煤产区，不仅煤中硫分高，而且很多煤层的直接顶底板和夹矸中也是硫铁矿的富集层，这类硫铁矿层虽然厚度只有 0.1～0.3m，但含硫品位高，大多在 18% 以上，夹矸中多是一些结核状硫铁矿，其含硫量一般在 30% 以上，局部地区达 40% 以上，这部分硫铁矿随着煤炭开采和洗选加工作为矸石排弃，既浪费资源又造成了严重的环境污染，与煤层有一定距离的单独成矿层硫铁矿，更具有分布面广、储量大的特点，南方上二叠纪煤系地层底部，普遍发育着一层硫铁矿，常见厚度 1～2.5m，含硫一般为 16%～21%，高者达 30%～40%；北方石炭二叠纪煤田，在石炭纪和奥陶纪接触处，也在大面积范围内稳定发育着一层硫铁矿，矿层厚度一般为 0.9～2m，含硫 18%～21%，高者达 40% 左右。据测算，煤系地层中独立成层的硫铁矿储量有 171.43 亿吨，其中煤矿范围内探明硫铁矿储量为 11.84 亿吨。

（2）煤系硫铁矿的加工利用

精选后的硫铁矿主要用来制取硫黄和工业硫酸。我国土法炼制硫黄历史悠久。土法炼磺不仅硫的回收率低（一般只有 38%～40%），造成资源浪费，而且严重污染环境。目前大多使用的新型炼磺炉，可在炉内连续完成分解、氧化和还原三个理化反应。即先是由矿石 FeS_2 受热分解为 FeS 与 S_2（硫蒸气）；

随着温度的升高，FeS 被氧化成 Fe_2O_3 和 SO_2 气体，而 SO_2 气体上升后又被炉内上部生成的 CO 还原。其中，SO_2 气体的炉内还原是该工艺的重点，提高 SO_2 的还原率，不仅增加硫黄收率，还可降低尾气中的 SO_2 浓度，减少对环境的污染。

3. 煤系石英岩类矿物资源的综合利用

(1) 资源分布及特点

我国含煤地层中石英岩分布广泛，储量丰富，主要是石英岩和石英砂岩，在煤系地层中已探明 D 级以上的石英矿床的总储量达 30 亿吨以上，加上已经开采而未统计在内的老矿区、地方矿，其远景储量较为可观。煤系石英岩主要分布在我国震旦系地层中，特别是华北地区分布极广。它属于浅海相沉积，经过长期风化、搬运、分选、磨蚀之后又经历了多旋回作用，形成岩层，后经压溶、重结晶作用，矿石致密、坚硬，常以聚煤盆地的基底沉积层而出现，在含煤岩系的底部出露于煤田或矿区地表，是含煤地层中常见的储量非常大的岩石矿床。

(2) 石英岩类矿石的开发利用

煤系石英岩类矿石不仅储量丰富，用途也极为广泛，特别是在建筑、冶金、铸造等部门用量相当大。一级的石英岩类矿石比天然石英砂的纯度高，质量佳，因而工业上也常将煤系石英岩类矿石分选后粉碎使用，其主要用途有以下几个方面：

① 制造玻璃、陶瓷材料。石英岩类矿石或石英砂是生产各种玻璃、陶瓷的主要原料，矿石中的主要成分 SiO_2 使玻璃具有良好的透明性、机械强度、化学稳定性和热稳定性等一系列优良性能，是组成玻璃骨架结构的主要物质，用量随玻璃类型的不同在 45%～85% 之间变化。

② 冶金工业。在冶金工业中，石英岩类矿物主要用来冶炼硅铁、工业硅和其他硅质合金。冶炼硅铁的主要成分是硅石、还原剂和铁屑，在高温下，煤系石英岩类矿石被碳质还原成单质硅，经过提纯加工成为工业硅。硅和铁可以按任意比例互熔，形成多种状态的硅铁化合物，其中最稳定的是 SiFe，硅铁的牌号就是按其中的含硅量的多少划分的。生产一吨硅铁，大约要消耗 2.0～2.2 吨硅石。

③ 其他方面。除了作为原料生产工业品外，许多煤矿发展多种经营以来，直接开采与煤伴生的石英岩原矿或加工成不同粒级的硅石粉、硅微粉等作为产

品出售，都获得了不同程度的社会经济效益。此外，硅石粉和不同比例的碱金属氧化物反应，可生成水玻璃，广泛应用于洗涤、胶合、铸造、建筑、冶金、纺织等行业。

6.3.3　煤泥的资源化技术

煤泥可以直接成浆使用和干燥成型利用，按用途主要分为直接燃烧发电、制型煤、配煤、水煤浆、气化、井下充填、做建筑掺合料、制备化工产品、工业填料、颗粒活性炭等，至今人们还在不断探索煤泥利用的新途径。

1. 煤泥燃烧发电

煤泥是可以利用的低热值燃料，燃烧发电是其理想的利用方法之一。我国政府高度重视和支持煤泥燃烧发电，制定了煤泥、煤矸石发电优惠政策，单机容量在500kW以上煤泥电厂，符合并网调度条件的，电网经营企业都允许并网。

中国的煤泥燃烧利用技术居世界领先水平。浙江大学热能工程研究所从20世纪80年代初便开始煤泥流化床燃烧技术的研究，提出了中国独创的煤泥流化床燃烧新技术。中国矿业大学、煤炭科学研究总院北京煤化工分院等单位也开发了多种煤泥燃烧技术，杭州锅炉厂等单位生产出专门燃烧煤泥的流态化锅炉，这些技术和设备已成功地用于发电厂和一般的热能动力系统。山东新汶矿业集团良庄煤矿建有全国首座直燃型煤泥热电厂，实现热电联供，每年节约燃煤1万多吨，锅炉燃烧率达到98%。

电站锅炉掺烧煤泥是目前中国中小机组挖潜改造的有效途径。实践表明，掺烧60%～70%的煤泥，设备及系统无须进行任何改造就能正常运行并达到额定参数，从而大幅度提高机组经济性，增强企业市场竞争力。

2. 煤泥水煤浆技术

煤泥水煤浆技术是在高浓度水煤浆基础上发展起来的煤泥浆燃烧应用技术。它是利用煤泥经简易制浆，就地就近用于工业锅炉及其他热工设备燃烧，达到以煤泥代煤代油目的的一项煤泥综合利用技术。煤泥浆一般对质量没有严格要求，只要能满足实际燃烧需要即可。煤泥制浆时一般不预先磨矿，不加或稍加一点起稳定作用的添加剂，所以制浆系统简单，生产成本低。此外，它还部分简化了选煤厂的煤泥水处理系统。煤泥按其是否经过浮选可分为原煤泥和尾煤泥，原煤泥的灰分与原煤接近，其中含有大量的低灰精煤，因此灰分低、热值高，挥发分也较高，制出的水煤浆具有较好的燃烧特性。尾煤泥经过浮选，灰分高（可达 30％～50％左右），热值低，挥发分也较低，制出的水煤浆燃烧特性较差，对燃烧设备及燃烧条件等要求较高。因此，从制浆上讲，煤泥的成浆性对产品的性能有重要影响，而产品的燃烧性能对锅炉的设计和燃烧工况也有至关重要的影响。

3. 煤泥型煤

将煤泥制成型煤，既有利于节约煤炭资源，减少煤泥对环境的污染，又有利于改变选煤厂的产品结构，提高选煤厂的经济效益和社会效益。煤泥型煤生产需要注意几个问题：①合理控制煤泥水分。水分是煤泥成型阶段的润滑剂，有利于提高型煤的强度，但如果水分太多了，反而会导致型煤强度的下降。型煤成型时最佳水分含量一般在 10％～15％之间，而煤泥所含水分多在 20％以上，需要进行干燥处理，这是煤泥成型的一个不利因素。②合理选择与使用粘结剂和固硫剂。要求粘结剂性能优异、廉价易得，固硫剂固硫效果好（通常以石灰作固硫剂）。③粒度要求。型煤成型时要求原料煤的粒度小于 3mm，选煤厂煤泥在干燥过程中可能结块，往往需要进行适当破碎处理。

4. 回收精煤

在中国大多数炼焦煤选煤厂中，废弃煤泥的灰分多在 18％～25％之间，煤泥中有大量的优质低灰精煤成分，通过浮选可以回收大量灰分为 8％～12％的精煤产品，这是炼焦煤煤泥利用比较合理的利用途径之一。山东泰钢焦化厂采用浮选柱、压滤工艺从煤泥中浮选精煤，通过强化搅拌充分调浆、增大旋流量提高矿化效率、清水喷淋二次降灰、精煤压滤等措施，取得了较好的精煤回收效果。浮选柱新技术应用于回收无烟煤煤泥，可以得到冶金高炉喷吹用的低灰精煤。

6.3.4　粉煤灰的资源化技术

粉煤灰的主要来源是以煤粉为燃料的发电厂和城市集中供热锅炉的除尘器。"十一五"末粉煤灰年产生量为 4.8 亿吨，考虑到今后新建和扩建燃料发电、城市集中供热工程增多粉煤灰的产生量也必将会随之快速增多。因此，加大对粉煤灰的妥善处理和综合利用的研究和开发显得日益重要。

1. 粉煤灰的特征及其危害

粉煤灰属于火山类物质，能发生火山类反应。其化学成分因燃料种类、燃烧方式以及燃烧温度的不同而异，主要为二氧化硅和三氧化二铝，约占75%以上，其余为氧化铁、氧化钙、微量的镁、硫、磷、钾、钠、钛的氧化物以及稀有金属氧化物和有毒物质。它具有一定的吸附能力，其物理性能包括颗粒组成、干密度、含水量、透水性、抗剪性等，都有具体表现和具体参数。

粉煤灰产生量一般占到燃煤量的10%～50%。其主要危害有：一是污染大气环境。堆存及回填用的粉煤灰虽然用管道输送，并利用冲灰水、回收水进行喷洒以防止灰尘二次飞扬，但还是对周围大气环境产生污染，特别是春、秋季节，气候干燥，降尘量增大。二是水体污染。一部分冲灰水溢流外排至江河，经监测，外排水中悬浮物质量浓度较大，对江河水质造成一定的污染。三是污染土壤。堆存粉煤灰要占用土地，因雨水淋溶和渗透作用，会对地下水和土壤造成污染。四是耗资大。一般要投资安装正压气力输灰系统，将粉煤灰输送到灰场；投资铺设管道对灰场喷洒水；每天用卡车将灰运至灰场；配备管理人员等。

2. 粉煤灰的综合利用

(1) 粉煤灰在建材方面的应用

① 制取粉煤灰水泥和作为混凝土基本材料

由于粉煤灰的主要成分 SiO_2、Al_2O_3，是不定型的，在常温有水存在的情况下，能与碱金属和碱土金属发生"凝硬反应"，所以粉煤灰可以作为一种优良的水泥和混凝土的掺和料使用。

相对于直接在混凝土中掺入粉煤灰而言，尽可能在水泥生产过程中多掺粉煤灰大有好处，因为水泥生产中掺加粉煤灰不存在掺配不均的问题，而且经过机械活化，还可以提高粉煤灰等级，充分发挥其胶凝性，这一点已得到国内外专家的认可。

② 粉煤灰制砖

粉煤灰制砖是我国目前粉煤灰量大面广的项目之一，其特点是工艺简单，建厂速度快，吃灰量大。"十五"期间，国家进一步加大淘汰实心粘土砖的力度，至 2005 年年底前所有省会城市禁用实心粘土砖，这样粉煤灰制砖将大有可为，市场前景广阔。粉煤灰可以和粘土、页岩、煤矸石分别做成不同类型的烧结砖。用粉煤灰代替部分粘土烧制的砖。它的性能与普通砖相比，强度相同，而重量约轻 20%，导热系数小，能改善物理性质，砖坯不易风裂，易于干燥，可减少晾坯时间和场地，可少用燃料，降低单耗，节约能源。

③ 粉煤灰制各种砌块

利用粉煤灰可以制成各种大型砌块和板材。以粉煤灰为主要原料，在加热条件下与石灰、石膏、水泥、骨料等原材料发生反应，转化后的产物具有水硬性，因此，砌块便有了必要硬度。生产过程中应因地制宜地选择原料路线和配比。

④ 粉煤灰生产其他建筑材料

粉煤灰还可用于烧结制品、铺筑道路、构筑坝体、建设港口等。

（2）粉煤灰在农业方面的应用

粉煤灰可以改良土壤的质地，使其容重、比重、孔隙度、通气性、渗透率、三相比关系、pH 值等理化性质得到改善，可起到增产效果。

用粉煤灰改良粘性土、酸性土效果明显。每亩掺灰量应控制在 1.5 万～3 万公斤，在适宜的施灰量下，对小麦、玉米、水稻、大豆等约能增产 10%～20%。粉煤灰还可纯灰植树。在粉煤灰灰场上种植乔、灌木。可减少扬尘和增加绿化面积。种植前应施入适量有机肥和氮肥，要保持一定水分，对无灌溉条件的山区灰场，严重干旱时可采用挖渠引排灰水灌溉。

粉煤灰的农用具有投资少、用量大、需求平稳、潜力大等特点，是适合我国国情的重要综合利用途径，目前，我国粉煤灰的农业应用研究主要是粉煤灰的改土效果和肥料价值。

虽然粉煤灰中的硅成分主要是玻璃体部分与铝元素结合呈柱状晶体，不能直接被农作物吸收，但 SiO_2、$Mg(OH)_2$ 和 KOH 在 900℃的高温下可以烧结形成化合物。这种化合物中的硅、镁、钾等元素，易被农作物吸收，所以粉煤灰通过技术加工可以制成肥料。

（3）粉煤灰在废水处理方面的应用

粉煤灰治理废水及应用，对于环境保护具有非常重要的现实意义。粉煤灰比表面积大、多孔，具有一定的活性基团，其吸附作用主要包括物理吸附和化学吸附两种，它能吸附污水中悬浮物、脱除有色物质、降低色度、吸附并除去污水中的耗氧物质。粉煤灰中的 Al_2O_3、CaO 等活性组分，能与氟生成络合物或生成对氟有絮凝作用的胶体离子，从而具有较好的除氟能力。

（4）粉煤灰在烟气脱硫中的应用

近几年来，国内外都在开展利用粉煤灰制高级脱硫剂的研究。粉煤灰中主要成分 SiO_2、Al_2O_3、Fe_2O_3 和 CaO 在常温有水存在的情况下，细粉末状的火山灰能与碱金属和碱土金属发生"凝硬反应"的特性，被认为是粉煤灰循环利用过程中提高钙基吸收剂利用率的原因所在。试验证明，用粉煤灰制成的脱硫剂的脱硫效率要高于纯的石灰脱硫剂，在适当的灰/石灰比和反应温度时，脱硫率可达到 90％以上。

（5）从粉煤灰中选取漂珠和漂珠制品

漂珠是粉煤灰中的一种微态轻质、中空、表面光滑能漂在水面上的珠状颗粒。具有圆形、微小、空心、轻质、耐磨、耐高温、导热系数小，电绝缘性能好、强度高，无毒无味的特征。漂珠选取工艺有干法、湿法等多种，漂珠具有较高经济价值，选取技术亦不复杂。

6.3.5　煤层气的资源化技术

煤层气，又称作煤层甲烷，是产生于煤层而又储集在煤层中的一种可燃性气体，其甲烷成分占 90％以上，热值与天然气相当，是城市煤气的两倍，是氢气的三倍。长期以来，在煤矿生产过程中，多数作为有害气体排放到大气中，仅有少量抽取利用。自美国 20 世纪 80 年代成功地解决了地面抽取煤层气技术以后，煤层气作为非常规天然气资源，日益受到世人的关注。美国对煤层气生产成本和天然气、煤制煤气生产成本的比较是：煤层气的生产成本是同体积天然气和煤制煤气生产成本的 28％和 19％。开发利用煤层气，既增加了新的资源，改善了煤矿安全生产条件，又能保护全球生态环境。煤层气勘探风险小，成功率高，生产成本低，对其勘探开发利用，现已成为当今世界性的热点，形成了崭新的工业门类——煤层甲烷气工业。我国煤层气资源极为丰富，专家们测定，埋深在 2000 米以浅的陆上煤层气资源量在 35 万亿 m^3 左右，按可采系数 0.5 计算，资源量为 17.5 万亿 m^3 左右，相当于 157 亿吨石油，或 700 亿吨标准煤（1000m^3 天然气相当于 0.8975 吨原油，250m^3 天然气相当于 1 吨标准煤），是最主要的非常规天然气资源，也是最现实的接替常规天然气的后备资源，煤层气的主要用途如下。

1. 优质民用燃料

煤层气无论是矿井抽放，还是地面钻井开发，一直是把民用放在首要位置。由于煤层气其热值可根据需要调整，而且不含煤炭干馏物质，不需庞大的净化处理装置，不腐蚀，不堵塞输气设备，很适于用作民用燃料。

2. 工业燃料

煤层气用作工业燃料主要用于发电厂、加工业和汽车工业。

（1）发电用燃料

煤层气发电是一项多效益型煤层气利用项目，能有效地将矿区采出的煤层气转变成电能，方便地输送到各地。不同型号的煤层气发电机设备可以利用不同浓度的煤层气。煤层气发电可以使用直接燃用煤层气的往复式发动机和燃气轮机，也可用煤层气作为锅炉燃料，利用蒸汽发电。

（2）加工业燃料

煤层气可以用作加工业燃料，如用于玻璃厂和冶炼厂。目前玻璃厂熔炉主要还是以煤炭作燃料，用煤层气作燃料不仅热值高，有利于改善厂区环境和提高产品质量，而且燃料成本大大降低，可大幅度提高玻璃厂经济效益。

（3）汽车燃料

利用天然气作燃料代替汽油的汽车已在部分大中城市普及，天然气资源需求量增大，天然气供需矛盾日渐突出，煤层气代替部分天然气已是大势所趋。一些煤矿已经利用井下抽放的煤层气作汽车燃料，代替了矿区交通运输车辆用油，取得了很好的经济效益，也取得了丰富的经验。目前主要利用的是高浓度煤层气和中浓度煤层气，利用高浓度煤层气作汽车燃料，储气量大，充一次可行驶 100 余公里。中浓度煤层气（35％～40％）型汽车，$1m^3$ 煤层气可代替汽油 0.4kg，对于短途客运或货运车，用中浓度煤层气作燃料经济效益非常可观。

3. 化工原料

高浓度的纯净煤层气可用作原料气生产一系列化工产品，如甲醇、甲醛、甲胺、尿素和炭黑等。甲醇用途最为广泛，不仅是重要的化工原料，又是廉价的汽车燃料，"中国一号"甲醇汽车被誉为"绿色汽车工程"，是我国汽车工业的一次革命。另外甲醇又可制成甲醇电池，应用于其他基础行业。

4. 液化天然气燃料

煤层气与天然气一样，其主要成分是甲烷，天然气的许多用途可以应用到煤层气。天然气液化后比压缩天然气更安全，更经济。低温条件天然气的液化（LNG）是一项重大的先进技术，已被许多国家广泛采用。天然气液化后，其体积只有同量气态天然气的 1/625，从而大大方便了天然气的储存、运输乃至使用，单位体积的燃烧值相应大为提高，可用以代替汽油作为汽车等交通工具的燃料，而价格比汽油更便宜，污染更小，还可为地下储气库供气。

5. 煤层气开发与采煤一体化

浅层煤炭开采之前要先进行瓦斯抽放，实现煤层气开发与采煤一体化很容易。开采深层煤炭资源难度大，成本高，但如对高瓦斯深层煤炭，采用煤层气与采煤一体化技术还是有相当的经济效益。这项技术主要是利用钻头喷嘴的水射流在煤层段斜穿孔冲洗，循环出水煤浆和煤层气，在地面进行固液气三相分离，即可采出煤和煤层气，分离出的水还可继续注入井内重复利用。这种方案特别适用于煤层气含量高、厚度大、强度低、不含夹层的粉煤，如果煤层含水量较大，并与制水煤浆技术结合，其经济效益更高。

6. 煤层气合成油

天然气制合成油（GTL）正成为天然气高效利用的途径脱颖而出，煤层气与天然气相比成分更为简单，GTL 技术完全适用于煤层气。GTL 技术由合成气、费—托合成和产品精制三部分组成。通过费—托法工艺将天然气转化合成油的柴油燃料含硫小于 $1\mu g/g$，芳香烃小于 1%（体积百分比），十六烷值大于 70，为生产清洁燃料开辟了一条新途径。经过改进的费—托法合成技术，采用新型钴催化剂和先进的淤浆床反应器，使 GTL 装置投资和操作费用大大降低。

6.3.6 矿井水的资源化技术

1. 矿井水对环境的污染

随着矿井的开发，矿区排放大量的矿井水。矿井水是多元相的混合物包含有机污染物和多种有毒、有害物质等，如汞、镉、铬、砷、铅、硫等。这些物质如果超过了环境允许的限度，就会给环境造成严重污染。有些矿井水还含有大量悬浮物，或高矿化度、呈酸性，甚至还含有少量放射性元素，这些未经处理的矿井水排入矿区塌陷坑或附近的地表水体，由于地表水体与浅层地下水之间存在联系，因此外排的矿井水会对浅层地下水造成污染。此外，大部分矿区，与水一起排入河流，不但降低了水体质量，影响了水体的使用价值和水生生物的生长，而且也造成水资源严重浪费。

2. 矿井水的洁净处理

(1) 矿井水处理一般工艺流程

矿井水的利用主要有井下用水和井上用水两大类，井下用水对水质要求不高，经过简单的处理即可；井上用水要进行深度处理，以满足生产和生活的需要。根据我国部分煤矿矿井水主要污染物为悬浮物和细菌的特点，可选用以沉淀为主，必要时采用混凝、过滤、中和、消毒等深度处理工艺，活性炭吸附工艺主要用于矿井水处理后用作饮用水源时采用。

(2) 特殊矿井水处理工艺及特点

① 洁净矿井水处理：此类水未受污染，宜采取清污分流，设置专门管路直接用于井下或井上用水。

② 含悬浮物的矿井水处理：若经处理后回用于生产时，根据实际情况还可以省去过滤、消毒过程。低浊度矿井水处理可省去过滤工艺。

③ 高硬度矿井水处理：一般采用软化法去除 Ca^{2+}、Mg^{2+} 作为前处理后再常规处理。

④ 高矿化度矿井水处理：可采用离子交换除盐，在电渗析和反渗透两种除盐工艺中，优先选用后者，有出水率高、管理方便、成本低、维护简单的特点；另外还可用石灰和铁铝酸四钙合成的混凝剂处理矿井水，大量去除水中的二水石膏、SO_4^{2-}、Cl^-、F^-、Ca^{2+} 以及 As、Cd、Se 等金属离子。

⑤ 酸性矿井水处理：酸性矿井水 pH 一般为 $2\sim4$，呈酸性，含 SO_4^{2-}、Fe^{2+}、Fe^{3+}、Mn^{2+} 及其他金属离子，可先采用石灰石、电石渣等中和后，再进行常规处理，为了氧化沉淀去除 Fe^{2+} 和反应中产生的 CO_2 还需要增设曝气、沉淀工艺。

⑥ 含石油类较高的矿井水处理：可采用混凝、气浮、过滤、消毒的工艺处理。

3. 矿井水的一般用途

(1) 农业灌溉：矿井水用于农业灌溉只要降低矿井水中的悬浮物，一般经过沉淀池沉淀就能满足要求。

（2）煤矿井下生产用水：井下生产用水（井下防尘、洒水、煤层注水）一般只需降低矿井水中的悬浮物，可利用井下水池进行絮凝、沉淀就可直接用于生产。

（3）地面工业用水和生活用水：矿井水做供水水源时，经过混凝、沉淀、过滤、消毒等工艺就可达到所需要求。对高矿化度矿井水，由于含盐量高而不宜饮用，目前比较成熟的脱盐技术即电渗析技术，虽然处理成本较高，但对于严重缺水的地区采用此法处理还是可行的。

6.3.7 矿井地热的资源化技术

矿井地热利用技术提取矿井回风、排水和冷却水中的能量，无燃烧、无排放、无废弃物、无污染，是一种清洁环保的利用可再生能源的一种技术。国际能源组织（IEA）认为，浅层低温地热应用是地热可再生能源的首选。矿井回风、排水和冷却水的温度一年四季相对稳定，其波动的范围远远小于空气的变动，是很好的热泵热源和空调冷源，使得热泵机组运行更可靠、稳定，也保证了系统的高效性和经济性。矿井地热利用热泵系统可供暖、制冷，还可供生活热水及井筒防冻。一套系统可以替换原来的锅炉加空调的两套装置或系统。特别是对于同时有供热和供冷要求的建筑物，热泵有着明显的优点。不仅节省了大量能源，而且用一套设备可以同时满足供热和供冷的要求。实现了煤矿不燃煤，取消燃煤锅炉，减少大气污染。

当今社会环境污染与能源危机已成为全人类必须面对并要加以解决的重大课题，在这种背景下，以环保和节能为主要特征的绿色建筑及相应的供暖空调系统应运而生，而热泵技术正是满足这些要求的比较有代表性的低耗能新型供暖空调技术。热泵技术回收矿井排水热能、矿井总回风热能、矿井自备电厂冷却水热能，用于工业广场内建筑物供暖（包括夏季空调）、进风井井筒防冻、供职工浴室热水等，从而减少或取消燃煤锅炉，以达到"节能减排"的目标。

（1）回风源热能利用技术

技术工艺原理：对于井工开采的煤矿，一般采用抽出式通风方式，利用主扇通过回风井回风，矿井总回风直接排入大气。一般情况下，矿井总回风的温度、湿度一年四季基本保持恒定，其中蕴藏大量的低温热能。利用回风源热泵对这些低温热能进行回收，在矿井回风源热泵系统中，矿井回风换热器实现将矿井回风中所蕴含的大量热能通过喷淋换热方式转移到循环水里面，循环水作为热泵系统的低温热源，经过热泵系统提取热量后，循环水温度有所降低（一般 5℃）再重新送入矿井回风换热器进行热交换，循环往复。热泵系统制热时，制出热水（一般 50℃左右）作为供暖、井筒防冻、洗浴热水的热源。

（2）矿井水源热能利用技术

技术工艺原理：为了减少热量损失，在矿井水未进入污水处理厂前就提取热能，由于矿井水中浊度、悬浮物较高，不能直接进入水源热泵机组进行热交换，必须进行过滤后进入热泵机组。

矿井水首先经过旋流除沙器进行初级过滤，去除矿井水中大于≥0.1mm的泥沙，再进入矿井水专用全自动过滤器，过滤精度范围 3500～10μm，然后进入热泵机组提取热量。经水源热泵机提取热量后的矿井水再进入矿井水水池进行水处理或其他用途。

6.4　煤矿地表生态治理技术

6.4.1　煤矿开采土地复垦

1. 煤矿开采土地破坏形式及特征

煤矿开采可分为地下和露天开采两大类。因采矿工艺不同，对矿区土地和生态的破坏形式和特征也不同。采煤造成的土地资源破坏基本分为压占、塌陷和挖损 3 类；压占土地包括地下开采的矸石排放、露天开采的大量剥离物和坑口粉煤灰等，其主要特征是破坏景观、污染矿区环境；塌陷主要是地下开采沉陷引起的，其主要特征是地表下沉、产生附加坡度和裂缝等，如高潜水位矿区常常由于地表下沉引起土地盐渍化和沼泽化，甚至积水完全丧失耕种能力；挖损主要是指露天采矿场的挖损，它导致土壤结构完全破坏，经常会留下几十米甚至上百米的大坑，其破坏程度较地下开采的破坏程度要大。

其中，煤炭开采使地面变形具体包括以下 3 个方面。

（1）采煤塌陷区

我国的煤炭工业以井下开采为主，约占整个煤炭产量的 95%。塌陷是指由于井下采煤，顶板冒落后，所引起的地面塌陷。井下开采层状煤层时，由于大面积采空，顶部岩层失去支撑，在重力作用下开始弯曲—张裂—塌陷。缓倾斜煤层开采后，形成椭圆形的地表塌陷；倾角大的煤层开采后，则形成条带状的地表塌陷。当地表下沉到潜水位时，其塌陷区常年积水，有的则形成季节性的集水塌陷区。开采形成的大片水域，会使整个矿区的生态环境发生根本变化，由陆地生态向水生生态转变，土地利用系统结构也将发生很大变化。采煤伴随的大面积塌陷，使矿区及其周围城乡居民失去了赖以生存的基本条件，造成的环境污染与生态破坏严重，进而引发了一些社会环境问题。

(2) 岩溶地面塌陷

在岩溶发育的地区进行煤炭开采，为了保证矿井安全生产，矿区每天要从井下排出大量的地下水。由于长期大量抽排石灰岩水，引起灰岩水位大幅度下降，水力坡度增大，流速增大，使溶洞中原有的充填物被水冲走，从而出现潜蚀作用。在上覆盖层密封性较好的情况下，随着水位的不断下降，使原已形成隐伏土的土洞的上覆地层塌陷。局部地区还可形成塌陷群，造成区域性的地面塌陷。

(3) 区域性地面沉降

在厚松散层覆盖的矿区，区内居民及工矿企业，在缺乏总体规划和统筹安排的条件下，大量开采浅层地下水，由于井位分布不合理，开采量也没有严格控制，过量开采而引起地下水位逐年降低，降落漏斗不断扩大，地面出现大范围的区域沉降，地面沉降较严重地区已危及地面建筑物，使区内居民的住宅变成"危房"，直接影响居民的生活甚至危及生命。

2. 煤矿开采土地复垦技术

(1) 土地复垦中的生态学原理

1979 年，我国著名生态学家马世骏首次提出了生态系统工程的概念。在生态系统的动态变化中，有两个功能在起作用：①通过系统中共生物种的协调作用形成生态系统在结构和功能上的动态平衡；②系统中的物质循环再生功能，就是以多层营养结构为基础的物质转化、分解、富集和再生。从经济学观点来看，自然生态系统中的生物成员能合理、高效地利用环境中的资源，达到结构和功能最优化，对矿区废弃土地的复垦就是应用了此基本原理。

目前，煤矿开采土地复垦的生态学原理主要有：生态位原理、生物与环境的协同进化原理、结构稳定性与功能协调性原理和生态效益与经济效益统一原理等。

（2）煤矿开采土地复垦的技术特点

土地复垦需应用各种知识，具有明显的多学科性，涉及自然科学、技术科学和社会科学等是一项复杂的系统工程，因此，决定了矿区土地复垦技术的复杂性、广泛性、多样性。科学的矿山土地复垦技术就是要很好地将各学科中先进、成熟和在推广中的新技术融为一体，从长远的角度进行土地利用和生态环境的优化。

（3）煤矿开采土地复垦基本模式

煤矿开采土地复垦按复垦的顺序一般包括工程和生物复垦两个阶段。工程复垦是指根据采矿后形成废弃地的地形、地貌现状，按照规划的新复垦地利用方向的要求，并结合采矿工程特点，采用采矿设备，纳入采矿工艺，对破坏土地进行顺序回填、平整、覆土及综合整治，其核心是造地，为生物复垦阶段生物群落的建立，创造一个良好的生态环境；生物复垦包括土壤培肥、植被重建，其核心是迅速建成人工植被群落，即在建好的生态环境上建立人工植被，形成人工群落，关键技术在于解决土壤熟化和培肥问题，加速复垦地"生土"熟化过程。

① 工程复垦

从复垦的形式分，工程复垦技术分为充填和非充填复垦两种形式。结合复垦土地的利用方向和土地破坏的形式、程度，常用的工程复垦技术有：就地整平复垦、梯田式整平复垦、挖深垫浅式复垦和充填法复垦技术等。

② 土壤培肥

新造复垦地的土壤经过大型设备的挖掘、搬运和碾压等人为活动的扰动，在很大程度上承袭了母质的特性，其通气透水性、蓄水保水性、保肥供肥性经常发生矛盾，严重影响植物的生长，土壤培肥显得十分必要。土壤培肥就是通过采取各种培肥措施，加速复垦地的生土熟化的过程。

地表有土性的土壤培肥，主要是通过施有机肥、无机肥和种植绿色植物等措施，来迅速建立土壤的有机库和氮库，实现土壤培肥；地表无土型培肥，一般用易风化的泥岩和砂岩混合的碎砾作为土体，调整其比例，在空气中进行物理和化学风化，同时种植一些特殊的耐性植物进行生物风化，以达到土壤熟化的目的。

微生物培肥技术，是利用微生物和化学药剂或微生物和有机物的混合剂，对贫瘠土地进行熟化和改良，恢复其土壤肥力的方法。其中菌根技术是现代微生物的高新技术，此种技术对挖掘土壤潜在肥力和迅速培肥土壤，缩短矿山复垦周期具有突出作用，具有经济、高效、持久、无污染的优点。在国外，微生物肥料，如固氮菌、磷细菌、钾细菌肥料等，已在复垦土壤培肥中得到工业化应用。

③ 植被重建

植被的恢复大体可通过两种途径实现：A. 选树选草适地，即根据当地的土地条件选择或引进各种限制因子较少的先锋植物定居，随着植物的生长、繁殖、环境逐渐得到改善，同时其他植物物种入侵，最终演替为顶极群落；B. 改地适树适草，即通过人为地改善土地条件，使其基本适应植物的生长。

植被品种的筛选一般应遵循以下程序：A. 广泛进行适宜的植被品种资源调查，选择可行性好的品种，在实验室进行抗逆性能筛选；B. 中选者参加田间小区模拟试验，表现最好的进入生物复垦工业试验。选出的植物品种应有较强的固氮能力、根系发达、生产快、产量高、适应性强、抗逆性好、耐贫瘠等。

植被重建，应加强新建植被的维护和管理工作，如禁止放牧、乱砍滥伐，加强病虫害防治等。

(4) 煤矿开采土地复垦的建议

① 加大环境保护和土地复垦工作宣传力度，使各级人员充分认识其重要性，增强复垦意识，将其作为企业工作的一部分。

② 制定详细的土地复垦规划，在减少复垦土地增量的同时，加快对矿区存量土地复垦的步伐，提高土地复垦率。

③ 各级政府应制定矿区土地复垦专项条例，鼓励对矿山土地进行复垦，并按照"谁复垦，谁受益"的指导思想，给予从事矿山土地复垦的单位和个人的政策优惠。

④ 通过鼓励企业和私人基金注入、吸引社会及外部资金等手段建立矿山土地复垦的专项基金，保证土地复垦工作的顺利开展。

⑤ 建立"参与型"土地复垦示范区，推动其土地复垦模式在全国的推广应用，实现矿山土地复垦的可持续发展。

⑥ 建立监督检查管理体系，保证土地复垦的有效执行。对不履行土地复垦责任或不按期完成复垦任务应视为违法行为，要承担法律责任。

⑦ 矿山土地复垦是一项复杂的系统工程，应加强各部门的协同合作，加强国内外的技术交流，建立一支稳固的复垦技术队伍。

6.4.2 煤炭流通环节的污染治理技术

1. 煤炭流通环节对环境的污染

(1) 煤炭装卸对环境的污染

在煤炭生产单位、集运中转站以及使用单位，煤炭的装卸都是一道主要作业环节。由于煤炭装卸作业采用的主要机械设备不同，煤炭装卸对环境的影响也有区别。在大型煤炭生产企业，由于煤炭的装卸多在封闭的条件下进行，对环境的影响相对较小；在中、小型煤炭企业，露天装卸方式产生的煤尘对环境影响很大。目前我国各类规模的煤炭集运中转站几乎均采用露天作业方式，吞吐量大，环境问题比较突出。装卸作业扬尘是产生煤尘污染的主要原因之一。煤炭使用单位装卸系统扬尘也是引起煤尘污染的一个主要原因。中、小型煤炭用户，因装卸工艺简单，设备简陋，机械性扬尘反而严重。

露天机械化装、卸煤作业，因室外风力的作用，加剧了细粒煤粉下落过程的横向扩散程度、使扬尘量增大。扬尘量的经验数据为 $0.033 \sim 8 kg/t$ 煤。近距离监测显示，总悬浮微粒（TSP）瞬时浓度在 $20 \sim 7000 mg/Nm^3$ 之间。不过由于煤炭机械性扬起的粉尘粒度较大，故悬浮迁移距离较短。资料表明，相距 30m 的两个监测点，在环境风速为 2.5m/s 的条件下，从机械卸煤扬尘下风向 5m 处到下风向 80m 的对照点处，TSP 的浓度递减 12.8 倍。所以，相对而言，当环境风速不大时，其扬尘影响的范围也不大。当然，大风天气条件下，露天煤炭装卸作业将会引起严重的煤尘污染。

(2) 煤炭贮存对环境的污染

煤炭多是露天贮存。在煤炭生产、集运和使用单位的贮存期间，均会出现其特有的环境问题，即主要表现为煤堆的风蚀扬尘和受雨水冲刷而造成含煤黑水的漫流。国内煤炭生产单位大多数集中在华北、西北、东北和华东的北部地区。这些地区相对而言呈多风、少雨、干燥的气候特点，因而煤炭在露天地存时起尘量较大。特别是建在产煤区铁路干线沿线和大型海运港口的煤炭集运、中转站，它们的庞大露天贮煤场必将受到西部肆虐的狂风与沿海暴风雨、强台风的侵袭，造成大规模扬尘和煤泥水流，平均损耗率在 $1\% \sim 3\%$ 之间（其他气象条件变化相对和缓地区的平均损耗率一般为 $0.5\% \sim 1.0\%$）。

煤炭堆存扬尘是在达到相应的尘粒启动风速的情况下发生的，但扬起后并不一定会引起环境污染。只有在风速足够大，不仅能使尘粒扬起，而且具有相应的输送动力情况下，煤尘才可能越过厂界飘逸到外部空间，引发环境空气的污染。现场监视结果表明，在5～6级风力且无雨的气象条件下，煤堆起尘对贮煤场附近的环境空气质量会造成严重影响，煤堆下风向500m的扇形范围内TSP浓度100%超过环境空气质量三级标准要求，浓度值在0.8～3.5mg/m³之间；下风向150m左右的最大落地浓度超标两倍多，受其影响的区域外延到1km外。

（3）煤炭运输对环境的污染

公路运输是一种被广泛采用的运输方式，它最主要的优点是具有很大的灵活性。向分布在各地区煤炭客户发运小批量煤炭，公路运输便成了最主要的运输方式。公路运输主要存在两个环境问题，一是空气污染，二是噪声和振动。空气污染来自两个方面，一是运输工具自身排放废气造成的污染，二是风吹煤炭扬尘和路面扬尘造成的污染。

铁路运输煤炭带来的主要环境问题是噪声、振动和扬尘，其次是机车排汽对空气也有一定的污染。铁路运输过程中粉煤损失及其对环境的影响一直是一个突出问题。粉煤损失量与车辆类型、运行速度、运行时间、运行距离以及是否采取预防措施等因素有关。

2. 煤炭流通环节的污染治理

（1）煤炭装卸过程中的污染治理

① 采用喷水或喷降尘剂

对于煤炭装卸扬尘抑制方法的选择，是采用喷水还是采用喷降尘剂应从多方面综合判定。一般来说，喷洒化学降尘剂的抑尘效果更好。但喷洒降尘剂应考虑以下两个问题，其一是某品牌的降尘剂并不一定适应企业的煤种，应须有一个选择和试用的过程；其二是因为无论喷水或喷降尘剂都是在煤炭装卸作业期进行，用量相对较大，这就必须考虑其经济性。

② 调整煤炭装卸的落料高差

煤炭装卸中的落料高度是决定扬尘量大小的一个不应忽视的因累。研究表明，在煤炭含水率一定的情况下，装卸高度降低一半，起尘量可减少52%。因此在煤炭装卸作业过程中，应强调降低落科高差的必要性。

对于固定卸料高度的机械设备，如带式输送机、链斗卸车机等可采用溜槽过渡，使直接跌落的煤流为滑落煤流，借以降低下落速度，减少煤粉颗粒的碰撞强度，达到减少扬尘的目的。对于卸料口可移动的装卸设备，如斗轮堆取料机、抓斗起重机等可采用人工控制落料高差的办法减少装卸扬尘量。

（2）煤炭贮存过程中的污染治理

① 封闭式或半封闭式贮煤场

煤炭实行仓贮是解决煤炭堆存期污染的最有效方式之一。近几年，大容量贮煤仓在煤炭系统不断出现，最大的圆筒仓直径已达 40 多米，单仓贮煤量达到 3 万吨。但是尽管这样，仓式贮煤对大、中型煤炭用户而言，仍难以适应其要求。而且这种钢筋混凝土结构的贮煤仓，工程造价相当高，这使得推广仓贮面临难题。对半仓式贮煤场、扇形贮煤场等很易在原有基础上经过改造而使其封闭。较低建设投资达到取得较大贮煤量效果的目的。

② 露天贮煤场洒水抑尘

洒水抑尘毕竟是一个简单易行的方法。对于采用斗轮堆取料机的大中型露天贮煤场或不适宜加盖的贮煤场与当地水源比较丰富的地区，采用洒水抑尘的办法是可取的。对于设置洒水抑尘系统的贮煤场，其洒水系统以固定设置为好。一般在煤堆的四周每 20～30m 设一转角 180°的旋转喷头，喷水量控制在每次 2～3L/m² 左右。

③ 露天贮煤场喷洒化学抑尘剂抑尘

化学抑尘剂可分为几类：一润湿剂，可使水在煤中易于渗透；二凝聚剂，可使煤尘颗粒粘结或增加煤粒之间的粘结强度；三密封剂，可在煤堆表面形成连续的薄膜。这三类抑尘剂，国外均已开发和投入应用。国内资料显示环氧乙烷、丙烯酸、纤维素、油、水泥、CaO 等均可用作为抑尘剂的主要原料，其配方有多种形式。一般单位喷洒量 2L/m²，喷洒后可以在 1～3 个月内防止煤炭因风吹雨淋而造成损失和环境污染。当贮煤场的煤炭停留期短于 10 天时，最好的办法是将洒水与喷化学抑尘剂结合起来使用。

化学抑尘剂的喷洒机具可以根据贮煤场的机械作业特点和场地周围道路情况采用斗轮堆取料机机头喷洒或专用喷洒车辆加压喷洒等方式。

④ 露天贮煤场设置挡风装置

使用风障主要是防风，起到减缓风速或改变风向，从而减少扬尘量的作用，但不能阻止贮煤场扬尘。在露天贮煤场主导风向的上风侧种植高大乔木防风林带也是防止煤场扬尘的有效措施之一。

⑤ 露天贮煤场煤泥流处理措施

下雨，尤其是暴雨对露天矿煤场冲刷产生含煤黑水外流而污染环境，因此必须采取处理措施。可以采取的措施如：一在煤场场址选择时，宜将其布置在较低的场地内。二完善贮煤场周围排水系统；三设置集中处理水池，沉淀并回收雨水冲刷下来的煤泥。

（3）煤炭运输过程中的污染治理

① 公路

为减轻公路运输中噪声和振动，以及防止空气污染可以采取如下措施：定期清扫矿区内外的道路和靠近矿区的外部道路，定期对矿区内外道路洒水或喷洒阻尘剂，采用篷布罩住车斗或在煤层表面喷水或其他抑尘剂等措施。

② 铁路

应降低铁路噪声和振动级别，如在新建铁路时，包括修建矿区铁路专用线，应注意保持铁路线间同敏感点之间有足够的距离；采取措施，降低机车噪声；对轨道进行高标准维修和采用无缝焊接长轨，可以降低撞碰轨道的行驶噪声和车体噪声；限制通过敏感区的列车速度，以降低列车噪声对居民的影响；设置隔声屏障降低列车噪声；在通过敏感区域时应使用减振路轨，以便减轻振动给建筑物造成的破坏。

采取减少运煤列车扬尘的措施，如采用篷布等遮蔽措施降低风吹扬尘；表面喷水防止风吹扬尘；喷洒表面凝固剂或其他化学粘结剂降低煤炭风损。

6.5 煤炭清洁转化技术

6.5.1 煤气化技术

煤气化技术以煤炭为原料，采用空气、氧气、CO_2 和水蒸气为气化剂，在气化炉内进行煤的气化反应，可以生产出不同组分不同热值的煤气。为了提高煤气化的气化率和气化炉气化强度，改善环境，70 年代以来发达国家加快了新一代煤气化技术的开发和工业化进程。总的方向，气化压力由常压向中高压（815MPa）发展；气化温度向高温（1500℃～1600℃）发展；气化原料向多样化发展；固态排渣向液态排渣发展。

根据气化炉类型煤气化技术可分为固定床气化、流化床气化、气流床气化等。

1. 加压固定床气化技术

加压鲁奇炉是典型的加压固定床气化技术，技术成熟，能利用高灰分煤，并且能在 2.41MPa 压力下运行，适合合成液体燃料合成所需要的操作压力，可节约投资和能耗。在半个世纪的时间内，鲁奇炉在应用中不断前进，气化炉直径逐步放大，使用了搅拌装置，从而可气化一定粘结性的煤。尽管鲁奇炉单台生产能力达到日处理上千吨煤，但与加压气流床气化技术相比生产能力还不够大，不能气化粉煤，蒸汽分解率低，过程中产生大量的焦油和酚水。为克服上述缺点，又进行了新的开发，主要技术升级包括进一步提高压力、提高温度、两段引气，将上出口含焦油煤气通过内部设施循环，成功地生产出无焦油煤气。鲁尔 100 型气化炉能在 10MPa 压力下操作，设两个煤气出口，可生产高热值和中热值煤气，由于压力提高，处理能力较 2.5MPa 操作增加一倍，煤气中 CH_4 也增加近一倍，同时因为炉上部煤气流速降低很多，从而减少了被带出的粉煤量。

2. 流化床气化技术

温克勒气化工艺是典型的流化床技术，最早用于工业生产，第一台工业生产装置于 1926 年投入运行。这种炉型存在严重的缺陷，只能利用高活性褐煤，排灰含碳多，飞灰带出碳损失严重，致使碳利用率降低。针对这些问题开发了新的流化床技术，如高温温克勒、灰熔聚气化和循环流化床气化工艺。下面仅介绍高温温克勒气化法和灰熔聚气化法，循环流化床法在煤炭燃烧中的净化技术一节中介绍。

高温温克勒气化法的基本原理是提高操作压力和温度、增加流化床带出细粉循环入炉系统，从而提高了气化炉的气化强度和碳转化率，煤气中 CH_4 含量亦降低。灰熔聚气化法的基本原理是应用射流技术在流化床浓相床中央建立一局部高温区，中心温度达到 1200℃左右，炉壁温度 1000℃～1100℃，不仅气化炉平均温度高，可气化烟煤，而且生成灰熔聚颗粒物，容易与半焦分离，从而使排灰碳含量降低。

3. 水煤浆气流床气化技术

水煤浆气流床气化又称湿法进料气流床气化，Texaco 炉是一种率先实现工业化的气化技术，由于其进料方式简单，工程问题较少，又有重油气化经验，近十几年来得到长足的发展，具有大的气化能力，处理煤 800t/d～1500t/d，操作压力 3.8MPa～6.5MPa，最大的一套处理能力达到 2400t/d。Texaco 气化炉使用的典型煤浆浓度是 60%～70%，由于煤浆具有液体的特性，加压进料容易，所以可以实现更高压力（8MPa～10MPa）操作。其操作温度一般在 1350℃～1500℃之间，当灰熔点高于 1500℃时，需要添加助熔剂。离开气化炉的高温粗煤气和细粉，含有入炉煤化学能的 15%～35%，因此冷煤气效率较低。另一主要的问题是氧耗较高。为了降低过程氧耗，提高冷煤气效率，在 Texaco 气化技术基础上发展了两段进煤煤气化工艺，如 Destec 气化法，增加二段水煤浆进料，二段水煤浆喷入量为总量的 10%～20%，气化炉出口温度降到 1038℃～1050℃。

4. 干粉进料气流床气化技术

干粉进料气流床气化技术相对湿法进料具有氧耗低、煤种适应广、冷煤气效率高等优点。其代表技术有 Shell、Prenflo、日立气流床等。

6.5.2 煤液化技术

煤液化技术是以煤为原料，在一定反应条件下生产液体燃料和化工原料，通常有直接液化和间接液化两种工艺路线。煤炭和石油一样，都是碳氢化合物，但煤的氢含量和氢碳比远远低于汽油、柴油，氧含量却较高，因此无论采用何种技术路线，其关键技术都是提高氢碳比。上述两种技术合成的产品具有很好的互补性：直接液化合成的燃料转化效率较高；间接液化产品使用效率较高，比直接液化产品的环保性能好，但副产物多。

1. 煤直接液化技术

直接液化是指将煤粉碎到一定粒度后，与供氢溶剂及催化剂等在一定温度（430～470e）、压力（10～30MPa）下直接作用，使煤加氢裂解转化为液体油品的工艺过程。最早的液化工艺中没有使用氢气和催化剂，是先将煤在高温、高压的溶剂中溶解，产生高沸点的液体。1927 年，德国首次建成了第一座煤直接液化工厂，所使用的液化技术被称为 Pott-Broche 液化工艺或者 IG Farben 液化工艺，该技术受关注的程度及其发展随石油价格的波动而变化。

煤直接液化技术主要包括：①煤浆配制、输送和预热过程的煤浆制备单元；②煤在高温高压条件下进行加氢反应，生成液体产物的反应单元；③将反应生成的残渣、液化油、气态产物分离的分离单元；④稳定加氢提质单元。相继开发出的典型煤炭直接液化技术有：美国的氢煤法 H-Coal 和 HTI 工艺、德国的二段液化 IGOR（Integrated Gross Oil Refining）工艺、日本的 NEDOL 工艺和我国的神华工艺。

2. 煤间接液化技术

煤间接液化是先将煤气化、净化生产出 H_2/CO 体积比符合要求的合成气，然后以其为原料在一定温度、压力和催化剂条件下合成液态产品的工艺过程，简称 F-T 合成。煤炭间接液化的 3 个主要产品是烃类燃料、甲醇和二甲醚。1936 年，德国建成世界上第一座煤间接液化工厂并迅速发展，二次大战结束时，煤间接液化和直接液化厂共可生产汽油约 400 万 t/a，占德国汽油总消费量的 90%。和直接液化一样，随着廉价石油的发现，煤炭间接液化也相继停产。尽管在 20 世纪 50 年代初期和中期，美国的煤炭液化技术有了一些发展，但由于石油价格下跌其他国家在 20 世纪 70 年代初才开始重视煤液化技术。

煤炭间接液化技术主要包括：①大型加压煤气化、备煤和脱硫、除尘净化系统的造气单元；②在固定床、循环流化床、固定流化床和浆态床等合成反应器中进行合成反应的 F-T 合成单元；③将反应产物进行分离的分离单元；④后加工提质单元。近年来，国内外对 F-T 合成烃类液体燃料技术的研究开发工作都集中于如何提高产品的选择性和降低成本方面。

6.6　煤炭清洁燃烧技术

6.6.1　煤炭燃烧前净化技术

煤的燃烧前处理就是对原煤进行加工，以改善煤炭的品质，提高燃煤的利用效率和减少污染物排放，它包括煤炭分选、加工（型煤、水煤浆）等内容。

1. 煤炭分选

煤炭分选是国际上公认的实现煤炭高效、洁净利用的首选方案，是煤炭燃前处理最重要的技术措施。它利用物理、物理—化学等方法除去原煤中的杂质（包括矸石和黄铁矿等矿物），并把煤加工成不同的质量、规格的产品，以适应不同用户的需要。为了控制煤炭质量，减轻环境污染，各煤矿一般都配有煤炭分选设施。德、法、澳、日等国的原煤入选率都在 90% 以上。现阶段，我国的选后精煤主要用于冶金用煤，据统计，若将炼焦精煤的灰分降低 1%，则焦炭灰分可降低 1.3%，燃料比降低 2.7%，生铁产量提高 2.7%～4.0%；若焦炭硫分降低 0.1%，燃料比可降低 1.5%，生铁产量提高 2%；而动力用煤只是对含硫量高的煤才采用洗选，其入选比重仅占 6.3% 左右，但是动力煤洗选加工不但可除去 50%～70% 的灰分，某些工艺还可脱除 30%～40% 的硫分，如用于电站锅炉可有效降低发电煤耗，延长锅炉及辅机的寿命；用于工业锅炉和窑炉可以提高燃烧效率，同时可以减少烟尘和 SO_2 排放。因此，煤炭洗选还是煤炭加工、转化为洁净燃料或原料是必不可少的基础和重要环节，位居燃前处理技术之首。

2. 型煤技术

型煤技术是煤燃烧前处理技术中成熟、成本低廉、最现实有用的技术。应用该技术可将粉煤、固硫剂、粘结剂均匀混合经机械挤压成型、干燥成为煤块。与散煤比较，型煤有粒度均匀、储运卫生、其废弃物可进一步利用等优点。资料表明，与散煤直接燃烧比较，型煤可节约能源 20%～30%，减少烟尘排放量 40%～60%，锅炉效率提高 10%～30%，加入适量的固硫剂后，燃烧时烟尘和 SO_2 排放量都减少 40%～60%。针对我国城市居民燃料消费状况，在煤气尚未普及的地区，发展固硫型煤代替散煤可大大改善城市污染状况。

国内多年实践已证明，型煤加工技术在经济上是合理的，而且环境、社会效益显著。无论是民用型煤还是工业型煤，都存在巨大的市场潜力。在我国，民用型煤加工已有成熟的技术，但工业型煤的发展比较缓慢，其技术开发仍处于分散的低水平重复状态，对于其推广还缺乏统一规划和良好的组织管理。

3. 水煤浆技术

水煤浆技术是一项煤炭物理转化技术，它可将固体煤炭用相对简单、廉价的物理方法转化为流体燃料，可以像重油一样储运和雾化燃烧。水煤浆具有良好的流动性和稳定性，可以在工业锅炉、工业窑炉和电站锅炉作代油和代气燃料。水煤浆作为洁净燃料代替原煤在锅炉内燃烧，可以有效地控制污染物排放，使 NO_x、SO_2 及烟尘排放浓度均能达到环保要求。根据我国的能源政策，燃油锅炉有逐渐被取代的趋势，水煤浆燃烧技术在我国的应用空间会更加广泛，目前燃油锅炉的改造和燃烧器设计技术都已具有世界水平，我国发展水煤浆技术完全具备产业化条件。

6.6.2　煤炭燃烧中净化技术

煤炭燃烧中的净化技术主要是流化床燃烧技术和先进燃烧器技术。流化床又叫沸腾床，有泡床和循环床两种，由于燃烧温度低可减少氮氧化物排放量，煤中添加石灰可减少二氧化硫排放量，炉渣可以综合利用，能烧劣质煤，这些都是它的优点；先进燃烧器技术是指改进锅炉、窑炉结构与燃烧技术，减少二氧化硫和氮氧化物的排放技术。

1. 循环流化床燃烧（CFBC）

循环流化床燃烧是一种燃烧化石燃料、废物等一切生化物的燃烧技术。它的基本原理是床料在流化状态下进行燃烧，一般粗粒子在燃烧室下部燃烧，细粒子在燃烧室上部燃烧。被吹燃烧室的细粒子在分离器的作用下，送回床内循环燃烧。循环流化床燃烧系统由流化床燃烧室、飞灰分离燃料收集装置、飞灰回送器组成。有的还有外部流化床热交换器。燃料在燃烧室内完成燃烧和大量的热传递过程。

循环流化床燃烧技术的主要设备是循环流化床锅炉。循环床锅炉有着与常规锅炉类似的水汽系统，差异主要表现在燃烧系统，在附属系统中煤制备系统、鼓风及引风除尘系统、脱硫剂系统、排渣系统、仪表控制系统均不尽相同。

循环流化床锅炉具有低温、强化燃烧的特点，流化床中一般温度为 850℃～1050℃之间，低于煤的灰渣变形温度 100℃～200℃，不易结渣。且在流化床中最忌讳结渣，因为结渣后的流化床难以维持正常的流化状态，更无法保证燃煤在炉膛中有效燃烧，最终被迫停炉。循环流化床锅炉燃烧效率高，常规的工业锅炉和流化床锅炉燃烧效率为 85%～90%，循环流化床锅炉由于采用了飞灰再循环，燃烧效率可达到 95％以上。由于飞灰再循环燃烧，克服了常规流化床内释放热量大和悬浮所释放热量少的缺点，提高了锅炉的炉膛截面热强度和容积热负荷。资料显示，普通流化床的炉膛截面热强度为 $1\sim3MW/m^2$，炉膛容积热强度为 $0.1\sim0.2MW/m^2$；而循环流化床的炉膛截面热强度为 $3\sim8MW/m^2$，炉膛容积热强度为 $0.16\sim0.32MW/m^2$。床料中未发生脱硫反应的石灰石能再回到床内与 SO_2 反应，提高了石灰石的利用率，资料表明，当钙硫比为 $1.5\sim2.0$ 时，脱硫效率可达 85％～90％，而常规流化床，当钙硫比为 $3\sim4$ 时，脱硫效率才达到 85％～90％。循环流化床锅炉还具有负荷变化范围大，调节特性好的特点，当锅炉负荷变化时，只要调节给煤量和流化速度就可满足负荷的变化。在低负荷时，不再像常规流化床锅炉那样，采取分床压火，也不像煤粉炉用油助燃，更适合调峰机组。

循环流化床锅炉可广泛应用于燃用劣质燃料及常规原煤（无烟煤、贫煤、烟煤、褐煤）、煤矿洗选下来的煤矸石、洗中煤和煤泥等劣质煤及燃用石油焦和造气炉渣等劣质燃料的发电厂或热电厂。特别适于常规锅炉不能燃用的燃料，如高硫煤、低灰熔点煤、高水分褐煤、极低挥发分无烟煤、高灰分劣质煤和高硫分石油焦等。

2. 煤气、蒸汽联产（CFBC-C）技术

该技术包括煤气、蒸汽两个系统。焦载热工艺的系统中气化与燃烧间分工明晰，它包括一个载热气化系统和一个循环流化床锅炉。焦载热气化系统的加热段是一个快速床提升段，焦在其中燃烧并被提升，提升段上部是一个重力分离室。被分离的物料通过连通阀进入气化室，气化室温度＞850℃，煤也被送入气化室，煤受热会裂解产生煤气。气化室物料含碳量达 30％以上，流化介质是蒸汽时，会发生水煤气反应。在高温和水蒸气气氛下，加上灰分的催化作用，焦油的分解会较完全。通过调整流化介质成分（煤气和水蒸气比例）可以获得不同热值的煤气用于不同用途。多余的焦粉被送入循环床锅炉燃烬。由气化室引出的煤气首先在热旋风筒内分离固体颗粒，所分离的物料被送入循环床锅炉。含尘较少的煤气进入湿式净化系统，脱除硫、尘、焦油等，废水可送入循环床锅炉燃烧室燃烬污染物以保护环境。

与一般循环床锅炉相比，该工艺对煤有更高要求，除应保证尽量稳定的煤源外，干燥程度要高，一般希望水分低于 4％，煤粒废以小于 2mm 为好。由于煤制备严格易于气力输送，可以正压进煤，其渣冷却也较易安排。

3. 部分气化联合循环发电

该系统主要包括焦载热部分气化装置，煤气换热、净化及压缩系统，燃气轮机发电装置，带有空气加热器的循环床锅炉以及蒸汽轮机发电装置。煤在焦载热部分气化装置中被气化，所得煤气经换热、净化后被压缩，它与经锅炉中空气加热器加热的压缩空气一起在燃烧室中燃烧，燃气在燃气轮机内做功，带动压气机和发电机。所排烟气中仍有较高浓度的氧，被送入循环床锅炉燃烬未气化的焦粉，所产热量用于产生蒸汽和加热压缩空气，蒸汽推动蒸汽轮机做功。该系统的特点是固体燃料的气化和燃烧都是在常压下进行，煤气热值高。即使高温煤气经湿净化的热损失也不大；在低速传热床中加热压缩空气可以提高燃气轮机进口温度，减少净化气量及损失，达到高循环效率。该工艺的燃机/汽帆几率比为 0.5～0.8，属大蒸汽轮机功率小燃气轮机功率工艺。也可以把本工艺视为第二代增压联合循环技术的前期，气化系统易于加压，只要与第一代 PFBC 解决了的高温净化和增压燃烧相结合，就构成第二代 PFBC-CC。

实现本工艺的前提条件是首先在小容量范围内应用部分气化与蒸汽联产工艺。在城市煤气中蒸汽锅炉容量为 20～35t/h，用于煤化工则为 35～75t/h；另一条件是发展大型差速循环床锅炉，即大于等于 410t/h 锅炉，在条件成熟后可以先行改造现有 125MW 机组，即增加气化炉及改建 410t/h 锅炉，增加 60～80MW 的燃气轮机。

4. 整体煤气化联合循环发电技术

整体煤气化联合循环（IGCC）发电技术是将煤气化技术和高效的联合循环相结合的先进动力系统。它由两大部分组成，即煤的气化与净化部分和燃气—蒸汽联合循环发电部分。第一部分的主要设备有气化炉、空气分离装置、煤气净化设备（包括硫的回收装置）；第二部分的主要设备有燃气轮机发电系统、余热锅炉、蒸汽轮机发电系统。IGCC 的工艺过程如下：煤经气化成为中低热值煤气，经过净化，除去煤气中的硫化物、氮化物、粉尘等污染物，变为清洁的气体燃料，然后送入燃气轮机的燃烧室燃烧，加热气体工质以驱动燃气轮机做功，燃气轮机排气进入余热锅炉加热给水，产生过热蒸汽，驱动蒸汽轮机做功。

由于它采用了燃气—蒸汽联合循环，大大地提高了能源的综合利用率，实现了能量的梯级利用，提高了整个发电系统的效率，更重要的是较好地解决了常规燃煤电站固有的污染环境问题。

6.6.3 煤炭燃烧后净化技术

煤炭燃烧后的净化技术主要包括以下两种技术：

1. 燃煤锅炉烟气除尘技术

烟气除尘主要有干式除尘、湿式除尘及电除尘三大类。干式除尘结构简单，投资少，除尘效率高，操作方便，但易造成二次污染；湿式除尘中使用最普遍的是麻石水膜除尘器，除尘效率高，取材方便，抗腐蚀，耐磨性好，但需要一套灰水处理装置。若循环水采用闭式循环，其 PH 值会越来越低，系统需要采取防腐措施；电除尘效率高，处理烟气量大，阻力低，但其效率受粉尘的静电性能影响，外形庞大，投资昂贵，运行维护要求高，在一般的工业锅炉极少采用，只有在特殊环境要求时考虑采用。

2. 燃煤锅炉烟气脱硫技术

烟气脱硫方法可分为抛弃法和回收法两大类。抛弃法是将吸收剂与 SO_2 结合，形成废渣，其中包括烟灰、$CaSO_4$、$CaSO_3$ 和部分水，没有再生步骤、废渣抛弃或作填充处理，其最大问题是污染问题未得到彻底解决，只是将空气污染变成固体污染。回收法是将吸收剂吸附 SO_2，然后再生或循环使用，烟气中的 SO_2 被回收，转化成可出售的副产品如硫黄、硫酸或浓 SO_2 气体，回收效果较好，但成本较高。一般按使用的吸收剂或吸收剂的形态和处理过程的不同，将回收法分为干法烟气脱硫、半干法烟气脱硫和湿法烟气脱硫三类。在化工和焦化行业，使用较为普遍的是湿法烟气脱硫，共有三种类型。

（1）石灰石/石膏法脱硫

这种方法适用于大容量锅炉。其原理：利用石灰石粉浆液洗涤烟气，使 SO_2 同 $CaCO_3$ 产生化学反应生成 $CaSO_3$ 和 $CaSO_4$，通过吸收、固碱分离等工艺过程，达到脱硫的目的。

（2）氨液吸收法

这种方法适用于中小容量锅炉。其原理：利用氨水和氨液为吸收剂，通过吸收器洗涤烟气，使 SO_2 同氨反应，生成（NH_4）$_2SO_3$ 和 NH_4HSO_4。这种方式脱硫效率 30％～60％，系统简单，占地小，投资较低，运行费用高。

（3）废碱性液吸收法脱硫

这种方法适用于小容量锅炉。其原理：利用锅炉房水力冲渣系统的碱性循环废水以及企业的其他碱性废液作为吸收剂，通过麻石湿法除尘器洗涤烟气，使烟气中的 SO_2 同碱性废水反应。这种方法脱硫效率 30％～60％，系统简单，投资较低，占地较大，运行费用低。

第7章 煤炭矿区循环经济评价指标体系

7.1 煤炭矿区循环经济评价指标构建的意义

煤炭矿区发展循环经济具有非常重要的意义，然而在煤炭矿区循环经济发展过程中，为了能判断和测度其发展水平，判断正在实施或已经实施的政策和行动是否符合循环经济的要求和目标，是否与可持续发展相一致，是否在一个合理的运行区域内运行，必须构建一套对煤炭矿区循环经济发展状况进行评价的方法体系，包括科学、可操作性强的煤炭矿区循环经济综合评价指标体系及评价方法模型，监测煤炭矿区循环经济系统状态的变化趋势，为各级政府、有关部门、企业和公众了解其发展现状提供信息来源，也为优化管理和决策提供科学的判断依据。因此，构建煤炭矿区循环经济评价方法体系是积极快速推动煤炭矿区循环经济发展的有力举措。

煤炭矿区发展循环经济是一项涉及面广、综合性强的系统工程。为科学地评价煤炭矿区循环经济的发展状况，利用相应的数据信息资料，建立一套科学合理、操作性较强的煤炭矿区循环经济评价方法十分必要。通过评价指标体系的制定使煤炭矿区循环经济的进一步发展有清晰的政策导向目标及相应的度量体系，是积极、快速推动煤炭矿区发展循环经济的重大举措。

指标体系构建的具体意义如下：

（1）界定煤炭矿区循环经济评价指标的相关概念，规范化煤炭矿区循环经济评价指标，为煤炭矿区循环经济评价指数计算提供指导。

（2）煤炭矿区循环经济评价指标既是煤炭矿区建立循环经济统计制度的基础，又是煤炭矿区制定循环经济发展规划和加强管理的依据。

（3）煤炭矿区循环经济评价指标主要用于对煤炭矿区发展循环经济状况进行总体的定量评价和描述煤炭矿区循环经济发展状况，为煤炭矿区发展循环经济提供指导。

7.2　煤炭矿区国内外循环经济评价指标研究现状

1. 国外循环经济评价指标研究现状

国外循环经济主要是用环境经济学与社会统计学相结合的方法来构造评价指标体系。如 Daly 等提出的"可持续经济福利指数"，给出了将净国民生产总值扣除自然资产折旧和防御性支出，以得到可持续的社会国民生产总值的修正方法；Cobb 等提出的"真实发展指标"；wackernagel 等提出的"生态足迹"概念和模型。

国外对循环经济评价研究主要关注的是生态效率评价，以及如何提高生态效率的对策与途径，其评价方法主要有全额成本评估法、物质流分析法、能量流分析、生命周期评估法等一些方法，其出发点是生态效率、着眼点是物质和能量两个要素，关键变量是物质流和能量流。这些指标及其定量计算方法已经在国外一些国家和地区得到了应用。

总之，国外循环经济评价研究有两方面的特点：一是大多侧重从物质流和能量流的角度进行循环经济的定量评价研究；二是尝试采用多种定量评价方法分析循环经济发展绩效，尤其是物质流分析方法被世界上许多国家广泛采用，但由于很难采集数据和国情差异影响，我国循环经济发展评价无法直接套用国际上通用的评价方法。

2. 国内循环经济评价指标研究现状

随着循环经济理论研究与实践的深入开展，国内关于循环经济指标体系的研究也日益广泛。但综观国内相关研究文献，所构建的评价指标体系同可持续发展、生态园区或城市的评价指标设计思路及内容基本一致，不能充分体现循环经济"减量化、再利用、资源化"的基本原则。

目前，比较科学的、有示范性的是国家发改委、环保局、统计局联合发布的循环经济评价指标体系，从资源产出、资源消耗、资源综合利用和废物排放 4 个方面入手，从宏观和工业园区两个层面上分别规定了 22 个和 14 个循环经济评价指标。宏观层面的循环经济评价指标用于对全社会和各地发展循环经济状况进行总体的定量判断，为制定循环经济发展规划提供依据。工业园区评价指标主要用于定量评价和描述园区内循环经济发展状况，为工业园区发展循环经济提供指导。宏观评价指标和工业园区评价指标均由资源产出指标、资源消耗指标、资源综合利用指标、废物排放指标四大部分构成。不同的是四大部分下属的指标不尽相同。

上述政府推出的循环经济评价指标体系，一个是面向全国层面的宏观指标体系；另一个是面向工业园区的微观指标体系，而没有针对企业层面的指标体系，此外，由于政府在制定指标体系时有意推动循环经济所需数据统计的规范和发展，所以不可避免地造成了部分数据在目前的统计中无法获取的情况。

3. 煤炭矿区循环经济评价指标研究现状

煤炭行业属于采掘行业，煤炭矿区具有其特殊性。在煤炭矿区内，煤炭资源的开采、加工、运输和利用等各个环节，都将对生态环境造成破坏和污染。在煤炭开采过程中，其开采活动本身以及在开采过程中产生的副产品都将给生态环境造成极大的影响，包含水环境、大气环境、声环境、土地资源及其他环境，特别是煤炭开采所产生的固体废弃物对环境的影响最大。在煤炭储运过程中，产生的煤尘将对矿区运输线路两侧生态环境造成污染；在运输和堆放过程中还会产生自燃、雨淋、渗漏等情况，对大气、水体以及土壤造成污染。在煤炭加工过程，煤炭物理粉碎和燃烧时，将造成噪声污染、粉尘污染、有害气体污染等；选煤加工过程中产生的矸石、尾煤、煤泥水等将对环境造成的污染；冶炼和深加工过程中产生的有害气体、溶液和固态物等将造成的环境污染等；在煤炭的利用过程中，煤炭的直接燃烧会造成我国典型的大气煤烟型污染。

由于煤炭矿区的上述特点，对其循环经济发展状况的评价专业性强、综合性强、影响因素复杂，是一项需要深入研究的课题。从目前的研究成果来看，我国还没有一套科学的煤炭矿区循环经济评价指标体系，更没有制定与之相关的标准，因此，为了全面、合理地评价煤炭矿区循环经济发展状况，对煤炭矿区的发展做出科学的规划，实行准确地控制、调整与反馈，使煤炭矿区社会、经济、环境协调发展，急需制定一套科学的，反映煤炭矿区生产、环境特点的，能够指导煤炭矿区循环经济发展的评价指标体系。

7.3 煤炭矿区循环经济评价指标构建的原则

中国循环经济发展的背景与国外不同，美国、日本等国家的循环经济建立在垃圾回收的基础上，从解决消费领域的废弃物问题入手，向生产领域延伸，而中国循环经济最先从工业领域开始，解决的问题不同，模式必然不同。煤炭矿区循环经济更是如此，属于特殊行业的循环经济，需要区别对待，因此在研究和制定煤炭矿区循环经济评价方面，可参照借鉴的现成标准不多，构建煤炭矿区循环经济评价指标体系应以原始创新为主，以煤炭矿区循环经济"减量化、再利用、资源化"的理论与建立评价指标体系的原则为基础，结合我国煤炭矿区的运行特点，提出符合我国国情特点和煤炭矿区特点的循环经济评价方法。构建煤炭矿区循环经济评价指标体系时，依据以下原则。

（1）依据相关的政策法规，如《中华人民共和国节约能源法》《中华人民共和国循环经济促进法》《中华人民共和国清洁生产促进法》以及国家关于循环经济等方面的政策法规。

（2）与已颁布实施的相关标准 GB20426—2006《煤炭工业污染物排放标准》、HJ446—2008《清洁生产标准煤炭采选业》等标准相协调。

（3）依据国家发改委、环保总局、统计局联合发布的循环经济评价指标体系，编制本体系。

（4）应具有科学性、先进性，还要充分考虑现阶段我国煤炭矿区循环经济发展的实际情况和发展水平，标准应具有可操作性。

7.4　煤炭矿区循环经济评价指标体系的内容

7.4.1　指标体系的相关定义

（1）煤炭矿区循环经济

煤炭矿区循环经济是指煤炭矿区内煤炭开采、加工、转化和利用等过程中进行的减量化、再利用、资源化活动的总称。

（2）资源产出指标

资源产出指标是指投入煤炭、水、土地等主要资源要素所产出的生产总值指标，反映了资源的利用效率。

（3）资源消耗指标

资源消耗指标是指开采、加工、转化和利用万吨煤炭、产出万元生产总值所消耗的资源指标，反映了节能降耗，推进减量化，从源头上降低资源消耗的程度。

（4）资源综合利用指标

资源综合利用指标是指煤矸石、伴生矿产、矿井水、煤层气等伴生资源及废物的资源化综合利用指标，反映了其转化为资源的程度，即资源化的成效。

（5）废物减排指标

废物减排指标是指煤矸石、灰渣、废水、废气等最终排放量减少程度指标，反映了通过减量化、再利用和资源化，从源头上减少资源消耗和废物产生，降低废物最终排放量、减轻环境污染的效果。

（6）循环经济评价指标体系

循环经济评价指标体系是指由相互联系、相对独立、互相补充的系列循环经济评价指标所组成的，用于评价循环经济水平的指标集合。

7.4.2　评价指标及计算方法

1. 指标体系的构建过程

本标准制定根据循环经济的基本内涵和指标体系的设计原则，运用理论分析法、频度统计法、专家咨询法来设置、筛选、确定煤炭矿区循环经济评价指标体系。其构建过程如图 7-1 所示。其中，理论分析法是对煤炭矿区循环经济的内涵、特征进行综合分析，选择那些重要特征的指标；频度统计法是对目前有关循环经济研究的报告、论文进行频度统计，选择那些使用频度较高的指标；专家咨询法是在初步提出评价指标的基础上，征询有关专家的意见，对指标进行调整，并确定指标。

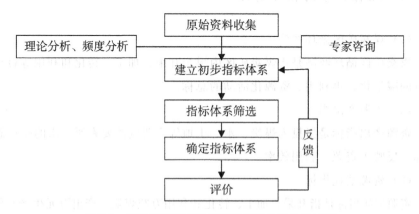

图 7-1　煤炭矿区循环经济评价指标体系构建过程

2. 指标体系的构成

基于煤炭矿区循环经济"减量化、再利用、资源化"的理论与建立评价指标体系的原则,结合我国煤炭矿区的运行特点,构建的煤炭矿区循环经济评价指标体系由一级评价指标和二级评价指标组成。一级评价指标是指标体系中具有普适性、概括性的指标;二级评价指标是指在一级评价指标之下,可代表煤炭矿区循环经济特点的、具体的、可操作的、可验证的指标。构建的指标体系如图 7-2 所示,包括 4 个一级评价指标和 25 个二级评价指标。

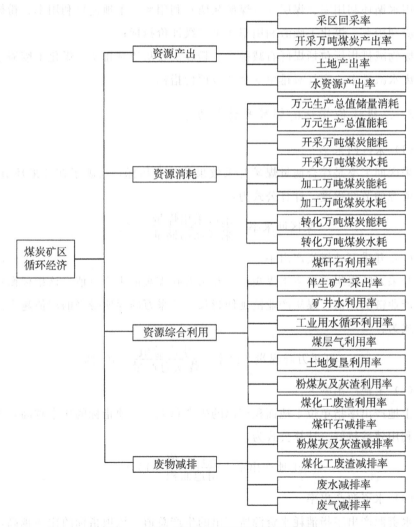

图 7-2 煤炭矿区循环经济评价指标体系图

一级评价指标包括资源产出指标、资源消耗指标、资源综合利用指标和废物减排指标。

资源产出指标包括采区回采率、开采万吨煤产出率、土地产出率、水资源产出率4个二级评价指标；

资源消耗指标包括万元生产总值储量消耗、万元生产总值能耗、开采万吨煤炭能耗、开采万吨煤炭水耗、加工万吨煤炭能耗、加工万吨煤炭水耗、转化万吨煤炭能耗、转化万吨煤炭水耗8个二级评价指标；

资源综合利用指标包括煤矸石利用率、伴生矿产采出率、矿井水利用率、工业用水循环利用率、煤层气（煤矿瓦斯）利用率、土地复垦利用率、粉煤灰及灰渣利用率、煤化工废渣利用率8个二级评价指标；

废物减排指标包括煤矸石减排率、粉煤灰及灰渣减排率、煤化工废渣减排率、废水减排率、废气减排率5个二级评价指标。

3. 二级评价指标的解释及计算方法

（1）采区回采率

采区回采率是综合衡量煤矿开采效果的重要指标，反映了在开采环节中，煤炭资源的节约程度。计算公式为：

$$采区回采率 = \frac{采区采出煤量}{采区动用储量} \times 100\%$$

（2）开采万吨煤炭产出率

开采万吨煤炭产出率指煤炭矿区开采万吨煤炭的生产总值。该指标衡量了煤炭产业链的产值，煤炭产业链延伸越长，开采万吨煤所带来的产值越大。计算公式为：

$$开采万吨煤炭产出率 = \frac{生产总值}{煤炭总产量} \times 100\%$$

（3）土地产出率

土地产出率指单位土地面积产出的生产总值。该项指标的比率越高，土地资源利用效益越好。计算公式为：

$$土地产出率 = \frac{生产总值}{用地面积} \times 100\%$$

（4）水资源产出率

水资源产出率指消耗水资源所产出的生产总值。该项指标的比率越高，水资源利用效益越好。计算公式为：

$$水资源产出率=\frac{生产总值}{水资源消耗总量}\times100\%$$

（5）万元生产总值储量消耗

万元生产总值储量消耗指每产出万元生产总值所动用的煤炭资源储量，反映了在煤炭开采利用过程中，煤炭资源的节约程度。计算公式为：

$$万元生产总值储量消耗=\frac{动用煤炭资源储量}{生产总值}\times100\%$$

（6）万元生产总值能耗

万元生产总值能耗指每产出万元生产总值所消耗的能源。该指标反映了煤炭矿区能源的利用效率。计算公式为：

$$万元生产总值能耗=\frac{能源消耗总量}{生产总值}\times100\%$$

（7）开采万吨煤炭能耗

开采万吨煤炭能耗指开采万吨煤炭所消耗的能源。该指标反映了煤炭开采过程中，降低能源消耗的情况。计算公式为：

$$开采万吨煤炭能耗=\frac{能源消耗总量}{煤炭总产量}\times100\%$$

（8）开采万吨煤炭水耗

开采万吨煤炭水耗指开采万吨煤炭所消耗的水资源。该指标反映了煤炭开采过程中，降低水资源消耗的情况。计算公式为：

$$开采万吨煤炭水耗=\frac{水消耗总量}{煤炭总产量}\times100\%$$

（9）加工万吨煤炭能耗

加工万吨煤炭能耗指加工万吨煤炭所消耗的能源。该指标反映了煤炭加工过程中，降低能源消耗的情况。计算公式为：

$$加工万吨煤炭能耗=\frac{能源消耗总量}{煤炭加工量}\times100\%$$

（10）加工万吨煤炭水耗

加工万吨煤炭水耗指加工万吨煤炭所消耗的水资源。该指标反映了煤炭加工过程中，降低水资源消耗的情况。计算公式为：

$$加工万吨煤炭水耗=\frac{水消耗总量}{煤炭加工量}\times100\%$$

（11）转化万吨煤炭能耗

转化万吨煤炭能耗指转化利用万吨煤炭所消耗的能源。该指标反映了煤炭转化利用过程中，降低能源消耗的情况。计算公式为：

$$转化万吨煤炭能耗 = \frac{能源消耗总量}{煤炭转化利用量} \times 100\%$$

（12）转化万吨煤炭水耗

转化万吨煤炭水耗指转化利用万吨煤炭所消耗的水资源。该指标反映了煤炭转化利用过程中，降低水资源消耗的情况。计算公式为：

$$转化万吨煤炭水耗 = \frac{水消耗总量}{煤炭转化利用量} \times 100\%$$

（13）煤矸石利用率

煤矸石利用率指煤矸石的利用量占同期煤矸石产生量的比重。计算公式为：

$$煤矸石利用率 = \frac{煤矸石利用量}{煤矸石产生量} \times 100\%$$

（14）伴生矿产采出率

伴生矿产采出率指伴生矿的采出利用量占同期伴生矿产动用资源量的比重。计算公式为：

$$伴生矿产采出率 = \frac{伴生矿产采出量}{伴生矿产动用资源量} \times 100\%$$

（15）矿井水利用率

矿井水利用率指矿井水的利用量占同期矿井水产生量的比重。计算公式为：

$$矿井水利用率 = \frac{矿井水利用量}{矿井水产生量} \times 100\%$$

（16）工业用水循环利用率

工业用水循环利用率指工业重复用水量占同期工业用水量的比重。计算公式为：

$$工业用水循环利用率 = \frac{工业循环用水量}{工业用水总量} \times 100\%$$

（17）煤层气（煤矿瓦斯）利用率

煤层气（煤矿瓦斯）利用率指煤层气（煤矿瓦斯）利用量占同期煤层气（煤矿瓦斯）产生量的比重。计算公式为：

$$煤层气（煤矿瓦斯）利用率 = \frac{煤层气（煤矿瓦斯）利用量}{煤层气（煤矿瓦斯）产生量} \times 100\%$$

（18）土地复垦利用率

土地复垦利用率指土地复垦面积占塌陷区总面积的比重。计算公式为：

$$土地复垦利用率 = \frac{土地复垦面积}{塌陷区总面积} \times 100\%$$

（19）粉煤灰及灰渣利用率

粉煤灰及灰渣利用率指粉煤灰及灰渣的利用量占同期粉煤灰及灰渣产生量的比重。计算公式为：

$$粉煤灰及灰渣利用率 = \frac{粉煤灰及灰渣利用量}{粉煤灰及灰渣产生量} \times 100\%$$

（20）煤化工废渣利用率

煤化工废渣利用率指煤化工废渣的利用量占同期煤化工废渣产生量的比重。计算公式为：

$$煤化工废渣利用率 = \frac{煤化工废渣利用量}{煤化工废渣产生量} \times 100\%$$

（21）煤矸石减排率

煤矸石减排率指开采万吨煤炭所排放煤矸石量的下降程度。计算公式：

$$煤矸石减排率 = \frac{\dfrac{上年排放量}{上年煤炭产量} - \dfrac{本年排放量}{本年煤炭产量}}{\dfrac{上年排放量}{上年煤炭产量}} \times 100\%$$

（22）粉煤灰及灰渣减排率

粉煤灰及灰渣减排率指单位发电量粉煤灰及灰渣排放量的下降程度。计算公式：

$$粉煤灰及灰渣减排率 = \frac{\dfrac{上年排放量}{上年发电量} - \dfrac{本年排放量}{本年发电量}}{\dfrac{上年排放量}{上年发电量}} \times 100\%$$

（23）煤化工废渣减排率

煤化工废渣减排率指生产单位煤化工产品煤化工废渣排放量的下降程度。计算公式：

$$煤化工废渣减排率 = \frac{\dfrac{上年排放量}{上年煤化工产品产量} - \dfrac{本年排放量}{本年煤化工产品产量}}{\dfrac{上年排放量}{煤化工产品产量}} \times 100\%$$

（24）废水减排率

废水减排率指单位生产总值废水排放量的下降程度。计算公式：

$$废水减排率 = \frac{\dfrac{上年排放量}{上年生产总值} - \dfrac{本年排放量}{本年生产总值}}{\dfrac{上年排放量}{上年生产总值}} \times 100\%$$

（25）废气减排率

废气减排率指单位生产总值废气排放量的下降程度。计算公式：

$$废气减排率 = \frac{\dfrac{上年排放量}{上年生产总值} - \dfrac{本年排放量}{本年生产总值}}{\dfrac{上年排放量}{上年生产总值}} \times 100\%$$

第 8 章　煤炭矿区循环经济综合评价

8.1　基于 AHP 的煤炭矿区循环经济评价指标权重确定

8.1.1　AHP 权重确定方法

在煤炭矿区循环经济综合评价过程中，各个评价指标对目标评价对象的重要性是有差别的，对每个指标的相对重要程度进行量化赋值称之为确定指标权重。层次分析法是确定权重的基本方法。

20 世纪 70 年代中期美国托马斯·萨蒂提出层次分析法（AHP），该分析法采用定性与定量相结合的手段，专门针对比较复杂的决策问题，是一种较为全面而系统的分析方法。其核心思想是将一个复杂的问题看作一个大系统，然后将这个大系统分解成各个子系统，对各个子系统进行逐个分析，并提出与之相适应的解决方案，再将由此分析得出的分析结果反馈回总目标的分析方法。层次分析法的基本步骤流程图可如图 8-1 所示。

层次分析法的基本步骤如下：

（1）建立层次结构模型。层次结构模型就是煤炭矿区循环经济评价体系模型。

（2）构建判断矩阵。判断矩阵是指同一层的各个元素相对于上一层某个因素来说重要性量化得到的矩阵。在每一层的结构模型中，采用两个元素相互比较的方法确定其之间的相对重要性，常用 1～9 标度的方法表示其各个要素间的重要程度，最后通过专家打分法构造出一个两两判断的 N 阶比较矩阵。专家打分法又称德尔菲法，是依照一定的程序，选取一定数量的所评价目标领域

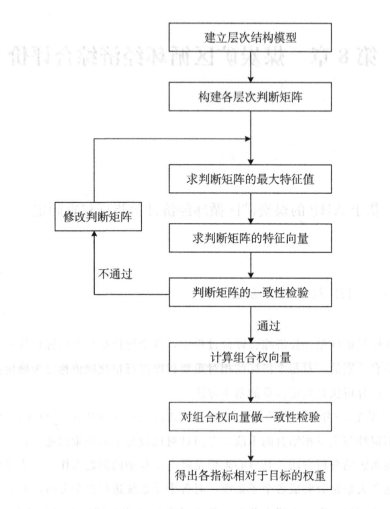

图 8-1　层次分析法基本步骤图

的权威资深专家，采用匿名或背靠背的形式对所选择指标对总体目标重要程度分别打分，且专家相互之间不允许沟通，经过反反复复几轮的打分，整理、总结、修改，最后直至各个专家意见基本一致时，得出结果，分析结论。该方法综合了多个有丰富实践经验和较深理论背景的专家意见，具有较高的可靠性和权威性，且操作性强，是一种取得原始数据的行之有效的方法。专家打分调查法流程图可用图 8-2 所示。其中通过专家打分法确定的重要性权重系数标定方法见表 8-1。

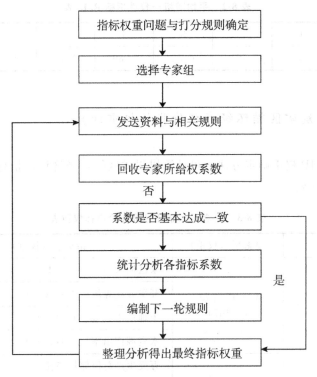

图 8-2 专家打分调查法流程图

表 8-1 权重系数标度含义表

标度	含 义	标度	含 义
9	两个元素相比，前者比后者极重要	1/9	两个元素相比，后者比前者极重要
8		1/8	
7	两个元素相比，前者比后者强烈重要	1/7	两个元素相比，后者比前者强烈重要
6		1/6	
5	两个元素相比，前者比后者重要	1/5	两个元素相比，后者比前者重要
4		1/4	
3	两个元素相比，前者比后者稍重要	1/3	两个元素相比，后者比前者稍重要
2		1/2	
1	两个元素相比，前者和后者同样重要	1	两个元素相比，后者和前者同样重要

（3）计算一致性检验。为了确保各专家判断思维的一致性，好需要对构建完的判断矩阵进行一致性检验，其检验应满足的条件为：$C.R = C.I/R.I < 0.1$。计算公式：$C.I = (\lambda_{max} - n)/(n-1)$。其中 $C.I$ 为一致性指标，$R.I$ 为平均随机一致性指标，λ_{max} 为判断矩阵的最大特征根，n 为判断矩阵的阶数。$R.I$ 平均随机一致性指标可通过下表 8-2 得出。

表 8-2 平均随机一致性指标 R. I. 表

阶 数	1	2	3	4	5	6	7
R. I	0	0	0.52	0.89	1.12	1.26	1.36

8.1.2 煤炭矿区循环经济评价指标权重计算

根据 AHP 权重确定方法，可计算煤炭矿区循环经济评价指标的权重，计算结果见表 8-3。

表 8-3 煤炭矿区循环经济评价指标权重表

目标层	要素层（权重）	指标层（权重）
煤炭矿区循环经济发展水平	资源产出 w_1 (0.197)	采区回采率 w_{11} (0.343)
		开采万吨煤炭产出率 w_{12} (0.266)
		土地产出率 w_{13} (0.206)
		水资源产出率 w_{14} (0.185)
	资源消耗 w_2 (0.240)	万元生产总值储量消耗 w_{21} (0.078)
		万元生产总值能耗 w_{22} (0.210)
		开采万吨煤炭能耗 w_{23} (0.154)
		开采万吨煤炭水耗 w_{24} (0.096)
		加工万吨煤炭能耗 w_{25} (0.129)
		加工万吨煤炭水耗 w_{26} (0.091)
		转化万吨煤炭能耗 w_{27} (0.154)
		转化万吨煤炭水耗 w_{28} (0.088)
	资源综合利用 w_3 (0.314)	煤矸石利用率 w_{31} (0.188)
		伴生矿产采出率 w_{32} (0.051)
		矿井水利用率 w_{33} (0.158)
		工业用水循环利用率 w_{34} (0.102)
		煤层气（煤矿瓦斯）利用率 w_{35} (0.150)
		土地复垦利用率 w_{36} (0.172)
		粉煤灰及灰渣利用率 w_{37} (0.097)
		煤化工废渣利用率 w_{38} (0.082)

续　表

目标层	要素层（权重）	指标层（权重）
煤炭矿区循环经济发展水平	废物减排 w_4（0.249）	煤矸石减排率 w_{41}（0.324）
		粉煤灰及灰渣减排率 w_{42}（0.123）
		煤化工废渣减排率 w_{43}（0.123）
		废水减排率 w_{44}（0.245）
		废气减排率 w_{45}（0.186）

8.3　基于熵的煤炭矿区循环经济评价方法模型

熵的概念源于热力学，为热能的变化量除以温度所得的商，后来由申农（C. E. Shannon）引入信息论，现在在工程技术、社会经济等领域得到了较多的应用。它是对系统不确定性的一种度量，熵值越大，状态的不确定性也就越大。在信息论中，根据熵的性质，可以把决策评价中各待评方案的固有信息和决策者的主观判断（评价指标的主观权重）的信息进行量化分析与综合，计算出各方案基于熵的相对优异性量化评价指数，从而做出对各方案的评价。

利用熵理论对煤炭矿区循环经济评价方法时，根据熵的性质，可以把参加评价的各对象的固有信息进行量化，得出熵权，再结合专家给出的权重，算出综合权重值，然后把要评价各对象的煤炭矿区循环经济评价指标的贴近度与其相对优异值的贴近度相对比，从而对各个对象做出评价。基于熵的煤炭矿区循环经济评价的具体步骤如下。

（1）评价指标的标准化

由上一节的评价指标体系可知，该指标体系由目标层划分为 4 个要素指标 w_1、w_2、w_3、w_4，四个要素指标下由具体到 25 个三级指标。25 个评价指标，设有 m 个被评对象，$x'_{ij}(i=1,2,\cdots25;j=1,2,\cdots m)$ 是第 j 个评价对象上的第 i 个评价指标的实测数据，进行标准化时：

效益型指标：

$$x_{ij} = \frac{x'_{ij} - \min\limits_{j} x'_{ij}}{\max\limits_{j} x'_{ij} - \min\limits_{j} x'_{ij}} \quad j=1,2,\cdots,m, \tag{1}$$

成本型指标：

$$x_{ij} = \frac{\max\limits_{j} x'_{ij} - x'_{ij}}{\max\limits_{j} x'_{ij} - \min\limits_{j} x'_{ij}} \quad j = 1,2,\cdots,m,\tag{2}$$

标准化后的新的矩阵：$X = (x_{ij})_{25 \times m}$。

（2）计算第 i 项指标下第 j 个评价对象的指标值的比重

$$f_{ij} = \frac{x_{ij}}{\sum\limits_{j=1}^{m} x_{ij}} (i = 1,2,\cdots25; j = 1,2,\cdots m)\tag{3}$$

（3）计算第 i 项指标的输出熵

$$H_i = -k \sum\limits_{j=1}^{m} f_{ij} \ln f_{ij} \quad (j = 1,2,\cdots m)\tag{4}$$

其中常数 $k = (\ln m)^{-1}$，在式中若 $f_{ij} = 0$，规定 $f_{ij} \ln f_{ij} = 0$，且知 $0 \leqslant f_{ij} \leqslant 1$，$\sum\limits_{j=1}^{m} f_{ij} = 1$。

（4）计算评价对象指标的熵权

$$\omega_i = \frac{1 - H_i}{25 - \sum\limits_{i=1}^{25} H_i}\tag{5}$$

（5）计算各个指标的专家主观权重

$$\begin{aligned}
W_i &= w_1 \times [w_{11}, w_{12}, \cdots, w_{14}] = [W_1, W_2, \cdots, W_4] \quad i = 1,2,\cdots4 \\
W_i &= w_2 \times [w_{21}, w_{22}, \cdots, w_{28}] = [W_5, W_6, \cdots, W_{12}] \quad i = 5,6,\cdots12 \\
W_i &= w_3 \times [w_{31}, w_{32}, \cdots, w_{38}] = [W_{13}, W_{14}, \cdots, W_{20}] \quad i = 13,14,\cdots20 \\
W_i &= w_4 \times [w_{41}, w_{42}, \cdots, w_{45}] = [W_{21}, W_{22}, \cdots, W_{25}] \quad i = 21,22,\cdots25
\end{aligned}\tag{6}$$

（6）求各指标的综合权重

$$\mu_i = \frac{W_i \omega_i}{\sum\limits_{i=1}^{25} W_i \omega_i}\tag{7}$$

（7）将各个指标的综合权重进行简单加权得出评价对象的综合得分

$$S_j = \sum\limits_{i=1}^{25} \mu_i x_{ij}\tag{8}$$

根据评级对象综合得分 S_j 的大小进行优劣排序。显然，S_j 越大的评价对象其循环经济发展水平越好。

8.4　基于 VIKOR 法的煤炭矿区循环经济评价模型

1. VIKOR 的基本原理

VIKOR 算法是由 Opricovic 和 Tzeng 教授，2004 年与 2007 年在 *European Journal of Operational Research* 上发表的两篇论文，提出的多属性决策方法。研究表明 VIKOR 方法可以同时考虑群效用的最大化与个体遗憾的最小化，能充分考虑决策者的主观偏好，从而使决策更具合理性。近几年，VIKOR 方法的应用研究已经引起了一些学者的关注，如代春艳和张希良基于 VIKOR 多属性方法对可再生能源技术进行评价；王娜利用 VIKOR 算法，评价我国 30 个省区市低碳经济水平。

VIKOR 的基本观点是：首先确定理想解与负理想解，理想解是指被评价对象在各评估指标中的最佳值，而负理想解是指被评价对象在各评估指标中的最差值；然后比较各被评价对象的评估值，根据其与理想指标值的距离大小来排列被评价对象的优劣顺序。在综合评价中，VIKOR 采用了 L_p-metric 聚合函数，如式（1）所示。

$$L_{pi} = \left\{ \sum_{i=1}^{n} \left[w_i (f_i^* - f_{ij})/(f_i^* - f_i^-) \right]^p \right\}^{1/p} \tag{1}$$

式（1）中，$1 \leqslant p \leqslant \infty$，$j = 1, 2, \cdots m$。$m$ 是指被评价对象的个数，每个评价对象用 a_i 表示，f_{ij} 表示评价对象 a_j 第 i 个评价指标的评估值；f_i^* 和 f_i^- 分别表示正理想解和负理想解；p 为聚合函数的距离参数（一般取 1、2 或 ∞，本书取 1）；n 为评价指标个数；w_i 为评价指标 i 的权重；L_{pi} 代表了评价对象 a_j 到理想解的距离。VIKOR 最大特色就是最大化了群体效应，所以以妥协解可被决策者接受。

2. 煤炭矿区循环经济的 VIKOR 评价

在煤炭矿区循环经济评价中，假设待评价对象有 m 个，记为 $A = \{A_1, A_2, \cdots A_m\}^T$，评价指标有 25 个，记为 $B = \{B_1, B_2, \cdots B_{25}\}^T$。记评价对象 A_j 的第 i 个指标的评价值为 f_{ij}，$1 \leqslant i \leqslant n$，$1 \leqslant j \leqslant m$。采用 VIKOR 方法进行评价的步骤如下。

（1）确定各指标的权重

VIKOR 评价要求确定各属性指标的权重。可利用 AHP 法，确定准则层、指标层的权重，然后进行归一化计算，权重向量为 $w=\{w_1,\ w_2,\ \cdots w_{25}\}^T$。

（2）决策矩阵的规范化

用式（2）规范化决策矩阵，规范化后的矩阵，记为 $F=(f_{ij25\times m})$。

$$f_{ij}=a_{ij}/\max\ \{a_{ij}\} \tag{2}$$

（3）根据规范化后的决策矩阵 F，计算各个指标的正理想解 f_i^* 和负理想解 f_i^-。

$$f_i^*=[(\max_j f_{ij}\mid i\in I_1),(\min_j f_{ij}\mid i\in I_2)] \tag{3}$$

$$f_i^-=[(\min_j f_{ij}\mid i\in I_1),(\max_j f_{ij}\mid i\in I_2)] \tag{4}$$

式中：I_1 为效益型指标集合，I_2 为成本型指标集合，

（4）计算各个评价对象的群体效益值 S_j 和个别遗憾值 R_j

$$S_j=\sum_i^{25}W_i(f_i^*-f_{ij})/(f_i^*-f_i^-) \tag{5}$$

$$R_j=\max[W_i(f_i^*-f_{ij})/(f_i^*-f_i^-)] \tag{6}$$

式中：S_j 代表评价对象的群体效应，S_j 值越小，群体效应越大；R_j 代表个体遗憾，R_j 值越小，个别遗憾越小。

（5）计算各评价对象的利益比率 Q_j

$$Q_j=v(S_j-S^*)/(S^--S^*)+(1-v)(R_j-R^*)/(R^--R^*) \tag{7}$$

式中：$S^*=\min S_j$，$S^-=\max S_j$，$R^*=\min R_j$，$R^-=\max R_j$，v 是决策机制系数。在此取 0.5，采用均衡这种方式，可以使群体效用最大化和负面影响最小化[11]。

（6）评价对象排序

按照 S_j，R_j，Q_j 值从小到大排序，评价对象排在前面的优。当满足以下两个条件时，可根据 Q_j 值大小排序，Q_j 最小值为最优值。如果条件 2 不满足，$a^{(1)}$ 和 $a^{(2)}$ 均为折中解；如果条件 1 不满足，方案 $a^{(1)}$、$a^{(2)}\cdots a^{(t)}$ 是折中解，其中 $a^{(t)}$ 满足 $Q(a^{(t)})-Q(a^{(1)})\geqslant 1/(m-1)$。

条件 1：$Q(a^{(2)})-Q\ (a^{(1)})\geqslant 1/(m-1)$，其中 $a^{(1)}$ 是 Q 排序中的最优评价对象，$a^{(2)}$ 是 Q 排序中的次优评价对象。

条件 2：$a^{(1)}$ 是 S 或 R 的排在前面的评价对象。

附　录

中华人民共和国国家标准

（GB/T28397—2012）

煤炭矿区循环经济评价指标及计算方法

Evaluation indexes and computation of
circular economy for coal mining area

2012-06-29 发布　　　　　　　　　　　　　　　　2012-10-01 实施

中华人民共和国国家质量监督检验检疫总局
中 国 国 家 标 准 化 管 理 委 员 会　　　发布

目 次

前　言

本标准的附录 A 为资料性附录。

本标准由中国煤炭工业协会提出。

本标准由全国煤炭标准化技术委员会（SAC/TC42）归口。

本标准起草单位：中国矿业大学（北京）、煤炭科学研究总院北京煤化工研究分院。

本标准主要起草人：丁日佳　张　瑞　罗陨飞　姜　英　任传鹏
刘　峰　刘　富　郝素利　信春华

煤炭矿区循环经济评价指标及计算方法

1 范围

本标准规定了煤炭矿区循环经济评价的术语和定义、指标体系和评价指数计算方法。

本标准适用于对煤炭矿区内煤炭企业循环经济评价的指导。

2 术语和定义

下列术语和定义适用于本标准。

2.1 煤炭矿区循环经济 （coal mining area circular economy）

煤炭矿区内煤炭开采、加工、转化和利用等过程中进行的减量化、再利用、资源化活动的总称。

2.2 资源产出指标 （resources output indicator）

投入煤炭、水、土地等主要资源要素所产出的生产总值指标，反映了资源的利用效率。

2.3 资源消耗指标 （resources consumption indicator）

开采、加工、转化和利用万吨煤炭、产出万元生产总值所消耗的资源指标，反映了节能降耗，推进减量化，从源头上降低资源消耗的程度。

2.4 资源综合利用指标 （resources comprehensive utilization indicator）

煤矸石、伴生矿产、矿井水、煤层气等伴生资源及废物的资源化综合利用指标，反映了其转化为资源的程度，即资源化的成效。

2.5　废物减排指标 （waste reducing emissions indicator）

煤矸石、灰渣、废水、废气等最终排放量减少程度指标，反映了通过减量化、再利用和资源化，从源头上减少资源消耗和废物产生，降低废物最终排放量、减轻环境污染的效果。

2.6　循环经济评价指标体系 （evaluation indicator frame of circular economy）

由相互联系、相对独立、互相补充的系列循环经济评价指标所组成的，用于评价循环经济水平的指标集合。

2.7　评价指标基准值 （baseline of evaluation indicator）

衡量各定量评价指标是否符合煤炭矿区循环经济基本要求的评价基准。

2.8　权重值 （weight of evaluation indicator）

衡量各评价指标在煤炭矿区循环经济评价指标体系中的重要程度。

3　评价指标体系

3.1　指标体系结构

评价指标体系包括一级评价指标和二级评价指标。一级评价指标是具有普适性、概括性的指标，可分为资源产出指标、资源消耗指标、资源综合利用指标、废物减排指标。二级评价指标是在一级评价指标之下，可代表煤炭矿区循环经济特点的、具体的、可操作的、可验证的指标。

3.2　指标体系

煤炭矿区循环经济评价指标体系及其各指标的计算方法见附表 1。

附表 1 煤炭矿区循环经济评价指标体系及计算方法

一级评价指标	二级评价指标		
	指标项目	单　位	计算方法
资源产出指标	采区回采率	%	采区实际采出煤量与采区动用储量的比值
	开采万吨煤炭产出率	万元/万 t	生产总值与煤炭产量的比值
	土地产出率	万元/hm²	生产总值与占地面积的比值
	水资源产出率	万元/万 t	生产总值与水资源消耗总量的比值
资源消耗指标	万元生产总值储量消耗	万 t/万元	煤炭动用储量与生产总值的比值
	万元生产总值能耗	tce/万元	能源消耗总量与生产总值的比值
	开采万吨煤能耗	tce/万 t	煤炭开采能源消耗总量与煤炭产量的比值
	开采万吨煤炭水耗	万 t/万 t	煤炭开采水消耗总量与煤炭产量的比值
	加工万吨煤炭能耗	tce/万 t	煤炭加工能源消耗总量与煤炭加工量的比值
	加工万吨煤炭水耗	万 t/万 t	煤炭加工水消耗总量与煤炭加工量的比值
	转化万吨煤炭能耗	tce/万 t	煤炭转化利用能源消耗总量与煤炭转化利用量的比值
	转化万吨煤炭水耗	万 t/万 t	煤炭转化利用水消耗总量与煤炭转化利用量的比值
资源综合利用指标	煤矸石利用率	%	煤矸石利用量与本年煤矸石产生量的比值
	伴生矿产采出率	%	伴生矿产采出量与本年伴生矿产动用资源量的比值
	矿井水利用率	%	矿井水利用量与本年矿井水产生量的比值
	工业用水循环利用率	%	工业循环用水量与本年工业用水总量的比值
	煤层气（煤矿瓦斯）利用率	%	煤层气（煤矿瓦斯）利用量与本年煤层气（煤矿瓦斯）产出量的比值
	土地复垦利用率	%	土地复垦面积与塌陷区总面积的比值
	粉煤灰及灰渣利用率	%	粉煤灰及灰渣利用量与本年粉煤灰及灰渣产生量的比值
	煤化工废渣利用率	%	煤化工废渣利用量与本年煤化工废渣产生量的比值

续　表

一级评价 指标	二级评价指标		
	指标项目	单　位	计算方法
废物减排 指标	煤矸石减排率	%	本年单位煤炭产量煤矸石减排量与上年排 放量的比值
	粉煤灰及灰渣减排率	%	本年单位发电量粉煤灰及灰渣减排量与上 年排放量的比值
	煤化工废渣减排率	%	本年单位煤化工产品废渣减排量与上年排 放量的比值
	废水减排率	%	本年单位产值废水减排量与上年排放量的 比值
	废气减排率	%	本年单位产值废气减排量与上年排放量的 比值

4　评价指数计算方法导则

4.1　二级评价指标的单项评价指数

评价指标分为正向指标和逆向指标，其中资源产出指标、资源综合利用指标、废物减排指标为正向指标，数值越大越符合煤炭矿区循环经济发展的要求；资源消耗指标为逆向指标，数值越小越符合煤炭矿区循环经济发展的要求。

对正向指标，单项评价指数为单项评价指标实际值与基准值的比值，按式（1）计算：

$$S_{i(+)}=\frac{S_{xi}}{S_{oi}} \tag{1}$$

对逆向指标，单项评价指数为单项评价指标基准值与实际值的比值，按式（2）计算：

$$S_{i(-)}=\frac{S_{oi}}{S_{xi}} \tag{2}$$

式中：

S_i——第 i 项评价指标的单项评价指数，$i=1,2,\cdots 25$；

S_{xi}——第 i 项评价指标的实际值，按表 1 给出的二级评价指标计算方法取值；

S_{oi} ——第 i 项评价指标的基准值，可取该评价指标的相关标准、评价对象均值或某评价对象实测值等。

4.2 综合评价指数

综合评价指数为各单项评价指数与其评价指标权重值的乘积之和，反映了煤炭矿区循环经济发展的总体水平，数值越大其总体水平越高，按式（3）计算：

$$I = \sum_{i=1}^{n} S_i \cdot W_i \qquad (3)$$

式中：

I ——煤炭矿区循环经济的综合评价指数；

n ——参与评价的二级评价指标项目数；

S_i ——第 i 项评价指标的单项评价指数；

W_i ——第 i 项评价指标的权重值，由附录 A 给出的权重值的确定方法取值。

4.3 二级评价指标缺项的综合评价指数

如果实际参与评价的二级评价指标项目数少于其所属一级评价指标所包括的全部二级评价指标的项目数（如：有的煤炭矿区没有伴生矿产，二级评价指标伴生矿产采出率缺项），则应将该项二级评价指标的权重值乘以修正系数 K_i，调整其权重值。

二级评价指标缺项的综合评价指数按式（4）计算：

$$I = \sum_{i=1}^{m} S_i \times W_i \times K_i \qquad (4)$$

式中：

m ——实际参与评价的二级评价指标项目数；

K_i ——第 i 项二级评价指标权重值的修正系数，

$$K_i = \frac{K_1}{K_2} \qquad (5)$$

K_1 ——本指标体系所列与该二级评价指标有关的一级评价指标的权重值；

K_2 ——实际参与评价的属于该一级评价指标的各二级评价指标的权重值之和。

附件　权重值的确定方法（资料性附录）

A.1　导言

不同的计算方法具有各自的特点和适用条件，应依据煤炭矿区特点，单独使用某种计算方法或综合使用多种计算方法。

A.2　权重值的确定方法

A.2.1　层次分析法（AHP法）

层次分析法是一种将定性分析和定量分析相结合的多目标决策方法。AHP的基本思想是先按问题要求建立起一个描述系统功能或特征的内部独立的递阶层次结构，通过两两比较因素（或目标、准则、指标）的相对重要性，给出相应的比例标度，构造上层某要素对下层相关元素的判断矩阵，以给出相关元素对上层某要素的相对重要序列。

A.2.1.1　构造判断矩阵

判断矩阵表示针对上一层次某因素而言，本层次与之有关的各因素之间的相对重要性。以确定一级评价指标的权重为例，构造的判断矩阵A见表A.1。同理可构造各二级评价指标的判断矩阵 B_1、B_2、B_3、B_4。

表 A.1　一级评价指标的判断矩阵

A	资源产出 B_1	资源消耗 B_2	资源综合利用 B_3	废物减排 B_4
资源产出 B_1	b_{11}	b_{12}	b_{13}	b_{14}
资源消耗 B_2	b_{21}	b_{22}	b_{23}	b_{24}
资源综合利用 B_3	b_{31}	b_{32}	b_{33}	b_{34}
废物减排 B_4	b_{41}	b_{42}	b_{43}	b_{44}

其中，b_{ij} 是对于 A 而言，B_i 对 B_j 相对重要性的数值表示，b_{ij} 的取值根据所选择标度的不同而不同。一般采用 1～9 比例标度，即 b_{ij} 取 1，2，3，…，9 及它们的倒数，其含义见表 A.2。表 A.2 中只对标度 9、7、5、3、1 及其倒数给出了两个元素相比较时的重要程度的取值，标度 8、6、4、2 和 1/8、1/6、1/4、1/2 则描述了分别界于与它相邻的两个奇数标度之间的取值。

表 A.2　1～9 标度含义表

标度	含　义	标度	含　义
9	两个元素相比，前者比后者极重要	1/9	两个元素相比，后者比前者极重要
8		1/8	
7	两个元素相比，前者比后者强烈重要	1/7	两个元素相比，后者比前者强烈重要
6		1/6	
5	两个元素相比，前者比后者重要	1/5	两个元素相比，后者比前者重要
4		1/4	
3	两个元素相比，前者比后者稍重要	1/3	两个元素相比，后者比前者稍重要
2		1/2	
1	两个元素相比，前者和后者同样重要	1	两个元素相比，后者和前者同样重要

A.2.1.2　确定各级评价指标的权重值

一级评价指标的判断矩阵 A 的特征值方程为 $AW_a = \lambda_{\max} W_a$，求得特征根 $\lambda_{\max}$ 和特征向量 W_a。当判断矩阵 A 通过一致性检验后，W_a 即为一级评价指标的权重，$W_a = [w_1, w_2, w_3, w_4]$。

同理，通过二级评价指标的判断矩阵 B_1、B_2、B_3、B_4，可确定各一级评价指标下二级评价指标的权重：$W_{b1} = [w_{11}, w_{12}, \cdots, w_{14}]$

$$W_{b2} = [w_{21}, w_{22}, \cdots, w_{28}]$$

$$W_{b3} = [w_{31}, w_{32}, \cdots, w_{38}]$$

$$W_{b4} = [w_{41}, w_{42}, \cdots, w_{45}]$$

A.2.1.3　确定各项评价指标的权重值

第 i 项评价指标的权重值为煤炭矿区循环经济评价目标下各二级评价指标的权重值，按式（A.1）-（A.4）计算：

$$W_i = w_1 \times [w_{11}, w_{12}, \cdots, w_{14}] = [W_1, W_2, \cdots, W_4] \quad i = 1, 2, \cdots 4 \quad (A.1)$$

$$W_i = w_2 \times [w_{21}, w_{22}, \cdots, w_{28}] = [W_5, W_6, \cdots, W_{12}] i = 5, 6, \cdots 12 \quad (A.2)$$

$$W_i = w_3 \times [w_{31}, w_{32}, \cdots, w_{38}] = [W_{13}, W_{14}, \cdots, W_{20}] \quad i = 13, 14, \cdots 20$$

$$(A.3)$$

$$W_i = w_4 \times [w_{41}, w_{42}, \cdots, w_{45}] = [W_{21}, W_{22}, \cdots, W_{25}] \quad i = 21, 22, \cdots 25$$

$$(A.4)$$

A.2.2 专家咨询法（Delphi 法）

就各评价指标的权重值，分发调查表向专家函询意见，由组织者汇总整理，作为参考意见再次分发给每位专家，供他们分析判断并提出新的意见，反复多次，使意见趋于一致，最后得出结论。

参 考 文 献

[1] 张瑞. 中国能源效率与其影响因素研究 [M]. 北京：经济日报出版社，2011.

[2] 张瑞，郝传波. 循环经济与中国煤炭产业发展 [M]. 北京：新华出版社，2006.

[3] 周宏春. 循环经济：一个值得重视的发展趋势 [J]. 新经济导刊，2002 (9).

[4] 李赶顺. 发展循环实现经济与环境的"双赢"[J]. 河北大学学报，2002 (3).

[5] 曲格平. 发展循环经济是 21 世纪的大趋势 [J]. 当代生态农业，2002 (1).

[6] 诸大建. 可持续发展呼唤循环经济 [J]. 科技导报，1998 (9).

[7] 李兆前，齐建国. 循环经济理论与实践综述 [J]. 数量经济技术经济研究，2004 (9).

[8] 段宁. 清洁生产、生态工业和循环经济 [J]. 环境科学研究，2001 (6).

[9] 曲格平. 发展循环经济是 21 世纪的大趋势团 [J]. 中国环保产业，2001 (7).

[10] 叶文虎. 循环型经济论纲 [J]. 中国发展，2002 (2).

[11] 冯之浚. 循环经济导论 [M]. 北京：人民出版社：2004.

[12] 李彩惠. 煤炭循环经济产业链发展模式研究 [J]. 中国矿业，2010，19 (1).

[13] 赵淑英，王鑫. 我国煤炭循环经济产业链发展模式研究 [J]. 中国矿业，2009，18 (3).

[14] 程水英. 煤炭开发区域循环经济产业链构建模式的探讨 [J]. 洁净煤技术，2009，16 (2).

[15] 刘薇. 关于循环经济发展模式的理论研究综述 [J]. 中国国土资源经济，2009 (5).

[16] Kinnon E, Golding S, Boreham Cet al. Stable isotope and water quality analysis of coal bed methane production waters and gases from the Bowen Basin, Australia [J], International Journal of Coal Geology, 2010, 82.

[17] 李保玉. 煤炭企业循环经济发展战略及模式研究 [J]. 煤炭经济研究，2011，31.

[18] 冯冶. 煤炭企业发展循环经济效果评价研究 [J]. 陕西煤炭，2010 (1).

[19] 王克强，刘艳芹. 我国煤炭企业发展循环经济研究 [J]. 武汉理工大学学报，2010，32.

[20] 徐君. 煤炭企业发展循环经济的优劣势极其途径 [J]. 湖北社会科学，2011 (9).

[21] 崔铁宁. 生态工业园区的构成机理和推进机制 [J]. 环境与可持续发展，2008 (3).

[22] 冯之浚. 制定我国循环经济生态园规划的若干思考 [J]. 科学学与科学技术管理. 2008 (6).

[23] Solveig G, Wei T. Coal cleaning: A viable strategy for reduced carbon emissions and

improved environment in China? [J]. Energy Policy. 2005, 33 (4).

[24] 周仁，任一鑫. 煤炭循环经济发展模式研究 [J]. 煤炭经济研究，2004 (1).

[25] 张香亭. 提升洁净煤技术发展循环经济 [J]. 中国煤炭，2005, 31 (4).

[26] 方莉华，张才国. 循环经济概念的科学界定及其实质 [J]. 华东经济管理，2005, 19 (3).

[27] 邱菀华. 管理决策与应用熵学 [M]. 北京：机械工业出版社，2001.

[28] 高旭光，刘跃飞. 循环流化床锅炉技术综述 [J]. 锅炉制造，2002 (3).

[29] 赵维，李海涛，荣宗谦. 矿井水处理与综合利用. 煤质技术 [J]. 2005 (1).

[30] 黄戒介，房倚天，王洋. 现代煤气化技术的开发与进展 [J]. 燃料化学学报，2002, 30 (5).

[31] 常丽萍. 煤液化技术研究现状及其发展趋势 [J]. 现代化工，2005, 25 (10).

[32] 石磊，牛冬杰. 煤矸石的综合利用 [J]. 煤化工，2005 (4).

[33] 黄光许，谌伦建，申义青. 煤泥无废排放综合利用模式 [J]. 洁净煤技术，2005, 11 (2).

[34] 鲜保安，崔思华. 中国煤层气开发关键技术及综合利用 [J]. 天然气工业，2004, 24 (5).

[35] 侯庆凯. 提高放顶煤开采回采率的主要途径 [J]. 煤炭技术，2005, 24 (4).

[36] 蔡宝金. 浅谈"三下"采煤技术. 煤炭技术 [J]. 2003, 22 (6).

[37] 郝传波. 黑龙江省煤城产业转型战略研究 [J]. 煤炭技术，2006 (3).

[38] 郝传波. 黑龙江省煤炭产业规模问题分析与对策 [J]. 黑龙江科技学院学报，2005 (6).

[39] 刘建功. 冀中能源低碳运行生态矿山建设的创新实践 [J]. 中国煤炭，2010, 36 (5).

[40] 刘建功. 冀中能源低碳生态矿山建设的研究与实践 [J]. 煤炭学报，2011, 36 (2).

[41] 刘建功，赵庆彪. 综合机械化充填采煤 [J]. 煤炭学报，2010, 33 (9).

[42] 丁日佳，朱亚平. 矿区循环经济理论与技术 [M]. 北京：中国矿业大学出版社，2008.

[43] Banks, David, Pumar. A. Fraga, Watson. I. The operational performance of Scottish mine water-based ground source heat pump systems [J]. Quarterly Journal of Engineering Geology and Hydrogeology, 2009, 42 (3).

[44] 张瑞. 煤炭产业发展循环经济的对策研究 [J]. 集团经济研究，2006 (12).

[45] 张瑞，丁日佳. 矿区循环经济评价指标体系的构建及评价方法研究 [J]. 中国矿业，2009, 18 (11).

[46] ZHANG Rui, DING Rijia, REN Xiangyang. The Unascertained Measure Model of the Coal Mine Cleaner Production Evaluation [C]. Conference Proceedings of 2009 International Institute of Applied Statistics Studies, 2009.

[47] ZHANG Rui, LI Hongxin. Evaluation based on Entropy of the Resources and Environment System Sustainable Development of Mining Area. Conference Proceedings of 2009 Geology Resource Management and Sustainable Development [C]. 2009.

[48] ZHANG Rui, LIU Zhanyu, DING Rijia. Model of Entropy Evaluation of Industrial Upgrading of Mining Area [C]. The Dynamics of Urban Agglomeration inChina-

Preferences of Energy-saving and Environment-friendly Society，2009.

[49] 张瑞，丁日佳，任向阳. 基于未确知测度模型的煤矿建设项目环境影响后评价 [J]. 生产力研究，2010（4）.

[50] 张瑞. 中国能源消费与经济增长的协整与因果关系模型 [A]. 中央高校基本科研业务费项目研究成果学术交流会论文集 [C]. 2011.

[51] Rui Zhang, Chuan-bo Hao. Evaluation of Science and Technology Progress of Coal Enterprise Based on Entropy [A]. 4th International Conference on Intelligent Human-Machine Systems and Cybernetics [C]. 2012.

[52] 丁日佳，张瑞等. GB/T 28397—2012，煤炭矿区循环经济评价指标及计算方法 [S]. 北京：中国标准出版社，2012.